DE L'IMPOSSIBILITÉ

DE FAIRE

UNE GUERRE SÉRIEUSE.

DU MÊME AUTEUR.

Considérations morales et politiques sur l'art militaire, 1830.

Mémoire sur l'organisation militaire, 1830.

IMPRIMERIE DE LACHEVARDIERE,
RUE DU COLOMBIER, N° 30.

DE L'IMPOSSIBILITÉ

DE FAIRE

UNE GUERRE SÉRIEUSE,

PAR TROIS MOTIFS :

ARMÉE INCOMPLÈTE ; — POINT DE DISCIPLINE ;
DISETTE DE GÉNÉRAUX CONVENABLES.

PAR

LE COMTE GODEFROI DE LA TOUR-D'AUVERGNE,

ANCIEN CAPITAINE D'ÉTAT-MAJOR, OFFICIER DE LA LÉGION-D'HONNEUR,
AUTEUR DE PLUSIEURS OUVRAGES MILITAIRES.

PARIS.

LAVILLE, LIBRAIRE-ÉDITEUR,

BOULEVARD DES CAPUCINES, N° 19.

MONGIE, LIBRAIRE, BOULEVARD DES ITALIENS.
LEVAVASSEUR, LIBRAIRE, AU PALAIS-ROYAL.

AOUT M DCCC XXXI.

AVANT-PROPOS.

Cette brochure venait d'être livrée à l'impression, lorsque le manifeste du gouvernement a paru. La manière dont la guerre nous est annoncée, les paroles de paix renfermées dans le discours du trône aux chambres, tout est de nature à nous faire croire que ce n'est pas une guerre que nous sommes appelés à soutenir, mais une démonstration d'amitié envers un peuple voisin que nous avons fait révolter, et dont nous devons faire triompher les principes révolutionnaires. Nous devions aide et protection aux Belges, aussi bien qu'il était du devoir de la France de protéger la Pologne et l'Italie; car il est incontestable que les révolutions de ces nations sont l'œuvre de notre gouvernement; or, est-il loyal, est-il d'une nation telle que la France d'exciter les autres peuples à se révolter, et de les laisser ensuite dans l'embarras?...

Quoi qu'il en soit, l'épée est sortie du fourreau, qui sait quand et comment elle y rentrera?

Je ne suis pas de ceux, comme on le verra, qui

désirent la guerre en ce moment, parce que je ne la crois pas possible. Nul doute que celle que nous sommes appelés à soutenir contre la Hollande (si elle seule est notre ennemie), ne doive être heureuse pour nos armes. Mais, si, trompés dans votre politique, les puissances de la sainte alliance se liguent contre nous, que ferez-vous? comment soutiendriez-vous la lutte qu'on vous accusera d'avoir provoquée?

Comment des ministres qui se disent Français, après avoir refusé le rempart que des alliés leur offraient, laissent-ils l'Angleterre s'en rendre maître, et pour soutenir cette puissance orgueilleuse, mettent-ils inconsidérément une armée en campagne, ignorant probablement quel sera le résultat de cette démarche? Jusqu'à ce que cette question soit définitivement résolue, celle de savoir si la Russie, la Prusse, l'Autriche, verront cette levée de boucliers de sang froid, sans prendre le parti de la Hollande, il sera permis d'avoir des craintes. Si par malheur pour la France, ces puissances nous étaient contraires, avez-vous compris quelle serait votre responsabilité?

C'est dans ce cas, que vous pourriez à juste raison être accusés de trahison, car ici l'excuse d'incapacité ne saurait être admise. L'on vous reprocherait d'avoir mis une armée en campagne, pour vous rendre populaires, et par là conserver le pouvoir que la nation voit avec peine dans vos mains! On vous ferait un crime d'avoir eu des agens diplomatiques infidèles, dont les rapports mensongers vous ont portés à compromettre l'honneur de la France! Ah! s'il en est ainsi, vous regretterez peut-être plus tard de l'avoir sacrifiée, cette France, pour le frivole motif de rester au pouvoir; car vous n'avez pas négligé de prévenir la nation entière à la suite de votre déclaration de guerre, que telle était votre intention.

Que le public ne pense pas, à la lecture de ma brochure, que la passion me l'ait dictée. Plusieurs partis existent en France, et je crois écrire avec assez de franchise pour qu'on reconnaisse celui auquel j'appartiens, ce dont je ne fais jamais mystère dans la conversation, parce que, sous un gouvernement libre et constitutionnel, chacun est maître de ses opinions, et qu'on ne peut l'en blâmer qu'autant que cette opinion, n'étant peut-être pas en analogie avec l'autorité, agit contre les lois, et cherche à troubler le repos public. Grâce à dieu, je me tiens à l'écart de toute commotion politique; j'examine et vois tout de mes yeux, ayant soin de m'éloigner de tout ce qui peut ne pas me plaire; ne trompant jamais personne par un faux dehors de principes que je n'ai pas, mais restant tranquille, à l'écart, par conséquent en dehors de toute surveillance.

Beaucoup de personnes pourraient s'imaginer que mes vœux sont opposés à la gloire nationale. Cette opinion pourrait se former dans l'esprit de quelques gens à la lecture de ma brochure; mais je ne crains pas qu'elle entre jamais dans l'esprit d'un homme d'honneur. Il y trouvera au contraire la franchise militaire, celle d'un soldat dont toute l'éducation fut dirigée vers la carrière des armes, et qui cherche à mettre à profit ce qu'il a pu apprendre, en dévoilant le mal partout où il existe, blâmant tout ce qui est vicieux, espérant par là obtenir quelques améliorations dans notre système militaire.

L'on m'a objecté que certaines gens me blâmeraient, sur le prétexte que, critiquant notre situation militaire, je pourrais être accusé de faire des vœux contre nos armées. Ah! je ne crains pas un tel jugement de la part de ceux qui me connaissent, de mes compagnons d'armes et de tant de militaires de tous grades avec lesquels je me suis continuellement trouvé en relations, soit de service, soit amicales; et c'est particulièrement de ces personnes-là que j'ambitionne l'approbation. Je dois cependant dire un mot à ce sujet, afin de ne laisser rien d'équivoque sur ma conduite.

Élevé dès ma plus tendre enfance dans les écoles militaires, j'avais à peine seize ans que je versai mon sang pour la patrie sur les bords de l'Elbe, et dans les défilés de Kulm. Depuis 1815 je fus dans différens corps, et sortis des rangs de l'armée pour avoir soutenu vis-à-vis de M. de Clermont-Tonnerre, alors ministre de la guerre, un droit que l'honneur me prescrivait de ne point abandonner, car je n'ai jamais été le flatteur d'aucun gouvernement, et l'on ne peut, j'en suis certain, m'objecter dans ma conduite politique aucune circonstance que j'aie à désavouer.

La gloire de la France est de tous les partis, toutes les opinions l'ambitionnent, et, pas plus qu'un autre, je ne me crois étranger à ce sentiment. Un nom français et des souvenirs de gloire et d'honneur m'ont été transmis sans tache par mes ancêtres, c'est mon unique héritage, aucun membre de ma famille n'y a manqué. Je ne sache pas qu'on puisse dire que, jusqu'à ce jour, aucun des miens ait jamais été compté parmi les ennemis de la patrie; ce ne sera pas moi, en telle circonstance que ce puisse être, qui m'enrôlerai le premier parmi eux. Le sang que j'ai versé en Allemagne, je serai prêt à le verser de nouveau si mon pays était en danger; mais cela ne peut me priver du droit de dévoiler le mal, de faire connaître les turpitudes, lorsque je les découvre; je pense même que tout bon Français devrait le faire avec la même franchise.

DE L'IMPOSSIBILITÉ

DE FAIRE

UNE GUERRE SÉRIEUSE.

> . . . . Ubi non est pudor, nec cura juris, sanctitas, pietas, fides, instabile regnum est.
>
> SÉNÈQUE.

Le titre de cette brochure paraîtra extraordinaire à tous ceux qui se contentent de prendre un ouvrage dans les mains, en regarder la couverture et jeter un coup-d'œil furtif sur quelques uns de ses feuillets. Pour de tels lecteurs, nul doute que celui qui donne un titre de cette nature à une brochure ne soit un mauvais citoyen, un ennemi de son pays, que sais-je même si l'on ne dira pas qu'il est républicain ou carliste, henriquinquiste, etc.; toujours ne l'accusera-t-on pas d'être un homme du juste milieu. Peu m'importe le jugement que de tels critiques porteront sur cet opuscule; ce n'est pas leur approbation que je sollicite, c'est celle de ces hommes purs, intacts de toute passion, qui ne jugent qu'après avoir lu. L'approbation que j'ambitionne plus particulièrement est celle de mes compagnons d'armes, de mes chefs surtout; méprisant toutefois cette opinion, me fût-elle même favorable, lorsqu'elle est donnée par ces hommes vendus à tous les pouvoirs, qui ne louent et n'approuvent qu'autant qu'ils pensent ne pas déplaire à leurs chefs, et, pour me servir de l'expression triviale, de l'expression soldatesque, n'ont d'autre opinion que celle qui leur assure que le premier de chaque mois ils pourront se présenter chez le payeur du département où ils résident. Que ceux-là me blâment, peu m'importe : je n'en dis pas autant s'ils me louent, parce que je n'ignore pas que l'éloge dans la bouche d'un sot peut toujours avoir son utilité ; et, comme tous les auteurs passés et présens, j'écris pour être lu, et plaire au public en lui dévoilant des vérités.

Quant à l'autre catégorie de militaires, ceux qui se font non pas un jeu, mais un honneur de porter l'épaulette ; ceux qui occupent les loisirs de la paix au travail, qui étudient dans le cabinet pour trouver les améliorations qui peuvent être introduites dans nos armées, j'ambitionne leur approbation ; et si je commets quelques erreurs dans cet écrit, je désire par-dessus tout les convaincre qu'elles y sont de bonne foi, et que je n'attaque jamais un abus, une injustice, par système, mais parce qu'élevé dès ma plus tendre enfance pour la carrière des armes, j'y ai puisé la franchise du soldat, que je ne sais pas la masquer, et qu'il est possible que je la porte quelquefois trop loin. En effet, le monde est trop civilisé de nos jours, pour que toute vérité soit bonne à dire ; mais est-ce ma faute, si la trop grande civilisation, et ce progrès des lumières entraînent la corruption des hommes ?

Sat habet favoritum semper, qui recte facit.

PLAUTE.

J'arrive à mon sujet.

Je prétends que la France n'est pas en état de faire

la guerre, qu'elle n'est en mesure pour entrer en campagne, ni par le nombre d'hommes, ni par son organisation militaire; et que si elle le pouvait, quant à ce qui concerne l'armée, ce serait impossible à cause de la dilapidation de nos finances, qui, malgré les seize cent millions imposés au peuple, ne peuvent satisfaire aux besoins du service. Je ne veux pas discuter ici ce qui a rapport aux finances, les feuilles quotidiennes se chargent de ce soin; il ne m'appartient pas, dans un ouvrage militaire, d'accuser les gouvernans de pressurer le peuple. Plaise à Dieu que si du haut de la tribune nationale on leur demande compte, ils soient en état de prouver que s'ils sont incapables, du moins ils ne sont pas des fripons!

Abordant la question militaire que je veux traiter, il faut énumérer d'abord les différentes conditions indispensables pour faire entrer une armée en campagne. Ceux qui parlent des choses ou des évènemens sans les connaître, crient: la guerre, la guerre! Mais si ces mêmes hommes connaissaient tous les préparatifs qu'une guerre exige, certainement ils ne blâmeraient pas les ministres, comme ils le font tous les jours de ce qu'ils restent dans l'inaction. *Qu'on ne croie pas cependant que je veuille faire ici l'éloge du ministère.*

Il faut, pour faire la guerre, des hommes, des chevaux, le matériel de l'armement et l'équipement, l'artillerie, une discipline bien régulière, des généraux, et un général en chef. Une chose est encore à ajouter à tout ce que je viens d'énumérer; c'est la confiance du soldat dans ce chef appelé à le commander. Voilà ce qu'il y a de plus important au moment d'entrer en campagne. Eh bien, quel est celui de MM. les maréchaux de France, ou lieutenans-généraux, qui puisse se vanter de jouir de cette confiance? Quel est celui qui osera dire que sa conduite passée et sa conduite présente méritent l'amour et le respect du soldat? Nous verrons plus loin s'il ne se trouve pas quelque exception.

La guerre est le plus terrible des fléaux qui détruisent l'espèce humaine; elle n'épargne pas même les vainqueurs ; la plus heureuse est funeste. Quel bonheur et quel succès ont égalé ceux des Romains? Ennemis de toutes les nations, les nations les ont détruits. L'ambition et l'avidité les rendirent guerriers, la guerre les enrichit, les richesses les corrompirent, d'autres brigands s'en emparèrent, et les possesseurs injustes furent exterminés. La Grèce fit toujours la guerre, et périt par elle, sans retirer aucun fruit des conquêtes d'Alexandre. Le lecteur comprendra que je n'ai pas besoin de citer les dernières conquêtes des Français. Napoleon fit planer son aigle long-temps invincible sur toutes les capitales de l'Europe; mais, comme les Romains, il laissa enrichir ses lieutenans; ils dûrent, dès lors, ne plus se battre avec le même dévouement, avec le même courage. Toutes les puissances s'aperçurent bientôt du côté vulnérable; on se ligua, des trahisons eurent lieu, et en peu d'instans, vingt-cinq ans de victoires furent, non effacées, mais l'armée attaquée de toute part ne put pas résister, et ce qui avait été gagné au prix du sang de plusieurs millions d'hommes, fut ravi à la France en quelques jours.

Tel sera le sort de toute puissance qui voudra dominer par le droit de force, que l'homme devrait laisser aux animaux sauvages : la nature ne l'a fait que pour eux. Telle est l'idée qu'ont de ce fléau tous les hommes qui jouissent de leur raison dans le silence des passions. Le chantre de la valeur, Homère, ne perd pas une seule occasion d'invectiver le dieu de la guerre. Minerve lui dit : « O Mars ! Mars, fléau des hommes, souillé de » sang, destructeur des villes ! » Lorsque ce dieu blessé va porter sa plainte à Jupiter, celui-ci le regardant avec indignation, lui répond : « Peux- » tu te plaindre, toi qui confonds et détruis tout ce » qui existe ? Tu m'es le plus odieux de tous les » habitans de l'Olympe ; tu n'aimes que la discorde » et la guerre et les combats ; tu as le caractère in- » supportable et inflexible de Junon ta mère. »

L'origine de la guerre est une passion basse, la cupidité. Les premières nations qui l'ont faite ont eu le butin pour unique objet. L'or et l'argent, dit Tacite, est le prix de la victoire.

De toutes parts on entend le cri de guerre. Les journaux ne manquent pas de nous faire connaître la position et la force des troupes de toutes les puissances de l'Europe, en même temps qu'ils dévoilent notre faiblesse, comme s'ils désiraient donner à l'ennemi les renseignemens qui lui sont nécessaires pour avoir des succès, si la guerre se déclarait. Il est de fait constant que la publicité des journaux, leurs indiscrétions, servent parfaitement ceux qui voudraient nous combattre, et que les souverains n'ont plus besoin de faire payer des espions par leurs ambassadeurs pour savoir ce que nous faisons.

Lorsqu'une guerre est déclarée, ou du moins sur le point de l'être, position dans laquelle la France se trouve en ce moment, le gouvernement ne doit pas chercher à se faire des ennemis dans l'intérieur. Que fait-il cependant, si ce n'est augmenter le nombre des mécontens qu'une révolution a dû infailliblement faire naître. Au lieu de tenir cette conduite, le ministère devait se faire des partisans, et profiter de l'élan de la nation pour porter l'armée sur les frontières, en donnant à ces préparatifs de guerre les couleurs les plus propres pour qu'elle parût juste, et qu'elle fût approuvée, ce qui était possible après avoir fait révolter les Belges, les Polonais, les Italiens. Couvrant ainsi la déclaration de guerre, de fortes raisons, le peuple l'approuve, tout le monde y veut prendre part; celui qui ne peut présenter son corps devant l'ennemi, porte son argent dans les caisses publiques, et vient au secours du gouvernement.

Ministres de la révolution de 1830, voilà la conduite que vous deviez tenir après avoir fait révolter les nations chez lesquelles vous avez envoyé des brouillons émissaires! Mais vous avez tremblé au seul mot de guerre; vous avez perdu l'occasion : au lieu d'avoir une belle armée, vous ne possédez pas ce qu'il vous faudrait pour entrer en campagne. Comment, après de si grandes fautes, pouvez-vous être encore avides du pouvoir? Ceux-là même qui vous y ont portés vous accusent, blâment votre ignorance, et, voyant que vous persistez dans votre système d'impopularité, que vous n'employez l'argent et les armes que l'on vous a confiés que contre vos concitoyens, que vous faites massacrer les Français, lorsque vous devriez soutenir les peuples que vous avez compromis, crient à la trahison. Ont-ils tort ?

Vous deviez donc faire la guerre à votre avènement au pouvoir : vous aviez des motifs, sinon justes, du moins qui pouvaient le paraître ; en cette circonstance vous n'aviez pas à hésiter. Ne pensez pas que je veuille vous inspirer la maxime de Platon, qui conseille « de ne se parer que de » l'image de la justice et de l'ombre de la vertu, » et de cacher sous ses dehors la ruse et la four» berie du renard. » Je suis au contraire de l'avis d'Achille, « qu'il faut préférer d'être bon à le pa» raître, » et je prétends dire que ce qui est juste en soi doit le paraître aux autres. Mais dans votre position la guerre était juste, et mon intention est de faire connaître que, cette guerre étant juste, vous pouviez facilement la faire paraître telle ; car, selon saint Paul, « il faut non seulement faire le » bien devant Dieu, mais encore devant les » hommes. »

Mais puisque la guerre n'a pas été déclarée lorsque cela était possible, voyons si vous seriez en état, soit de la faire vous-mêmes, soit de soutenir celle qui vous serait faite par les puissances de l'Europe, coalisées contre les peuples qui ont changé la forme de leur gouvernement.

Pour être en mesure de faire la guerre, il faut avoir une armée dont la force soit en rapport avec celles contre lesquelles on est appelé à combattre. Or, est-ce ici le cas ? Non. Il est à la connaissance de tout le monde que chaque puissance a fait des levées d'hommes pour monter son contingent au-delà de ce qu'elle entretient d'ordinaire sous les armes. Du côté de l'Italie, sur le Rhin, les colonnes viennent prendre position, et nul doute qu'à la première occasion, si les évènemens de la Pologne tournaient à l'avantage des Russes, sur-le-champ une coalition n'eût lieu, et que l'étranger ne fût en mesure de présenter un effectif de six ou sept cent mille hommes prêts à entrer en campagne. Quelle résistance pouvons-nous opposer à de telles forces?

Lors de la dernière session des Chambres, le ministère, pour obtenir l'argent qu'il venait demander à chaque séance, employa, pour ne pas échouer, une ruse de guerre qui lui réussit parfaitement, parce que ce bon peuple est vraiment bien crédule, et que MM. les députés, dont on aurait pu espérer plus de caractère, n'ont pas mieux mérité de la patrie que les trois cents de M. de Villèle. Le ministère vint donc parler gloire nationale, certain de toucher ainsi le cœur de tous les Français; il vint, avec un air de forfanterie, se flatter de mettre à la raison Russes, Autrichiens et Prussiens : « Mais, disait-il, donnez-nous de l'argent, nous vous en rendrons compte; quant aux hommes, dans peu nous vous présenterons un effectif de quatre cent trente-cinq mille hommes prêts à combattre. » Demandez aux ministres s'ils rendront compte des fonds : nul doute qu'ils le feront, et si ce n'est à la satisfaction du public, nous les entendrons dire : « Nous n'avons pas pu faire mieux. »

Quant à l'effectif de l'armée, quelle déception! Nous avons fourni notre argent, nous devons avoir plus de quatre cent mille hommes prêts à entrer en campagne; où sont-ils ces quatre cent mille hommes? J'engage ceux qui seraient assez curieux pour les voir à ne pas les chercher en faisant le calcul exact de l'effectif des troupes, mais à voir les nombreux états de situation, sur lesquels il est très facile de présenter quatre cent trente-cinq mille hommes, quand bien même ils ne seraient pas tous présens. Avec de telles situations les Chambres donnent de l'argent; il se dépense, peu importe à quoi, pourvu qu'on en justifie tant bien que mal; mais cet argent, donné pour organiser l'armée sur un pied assez imposant pour nous faire respecter, n'est aucunement employé à cet objet. Espérons que la sévère investigation des Chambres fera enfin justice de telles dilapidations.

Pour avoir des hommes, les organiser, les armer, il vous manque de l'argent. Impossible désormais de compter sur la complaisance des députés pour vous en donner sans rime ni raison. Probablement plusieurs des nouveaux élus seront curieux de savoir ce que vous avez fait, et ne viennent pas à Paris dans l'unique but de livrer à vos mains *incapables* l'argent produit par les sueurs de leurs commettans. S'ils veulent remplir leur mandat, ils vous demanderont où sont vos combattans, quelles forces vous pouvez opposer à l'ennemi en cas d'attaque.

J'entends déjà votre réponse: « Nous n'avons » pas obtenu ce que nous désirions, cependant

» nous avons beaucoup de monde sous les armes. » Vous ferez alors un tableau très enflé de vos forces, vous parlerez de 87 régimens d'infanterie de 3,600 hommes, ou 313,000 hommes; 50 régimens de cavalerie à 1,100 hommes, ou 55,000, ce qui fait 368,000 hommes. « Joignez à cela, leur direz-» vous, l'artillerie, le génie, la gendarmerie, les » vétérans, la garde municipale, les compagnies de » discipline, etc., et vous trouverez nos prévisions » outrepassées, et l'armée française se composera de » plus de 450,000 hommes. »

Voilà votre calcul; mais il est facile à l'homme le plus ignorant dans l'art militaire de vous donner le démenti le plus formel, et vous défier de présenter l'effectif que vous prétendez avoir. En effet, je consens à vous reconnaître, puisque c'est un fait, 87 régimens d'infanterie, dont 21 d'infanterie légère à trois bataillons. Il vous serait très difficile de prouver, pièces authentiques en main, que l'un dans l'autre vos régimens de ligne eussent plus de 2,800 hommes, et ceux d'infanterie légère plus de 2,100, ce qui fait un effectif de 231,700; je vous accorde encore 50 régimens de cavalerie, et consens à 50,000 hommes, quoique cet effectif ne soit réellement pas exact, parce que le cavalier démonté est un corps sans âme, et que vous n'avez pas, l'un dans l'autre, 700 chevaux par régiment, ce qui ferait au plus 35,000 hommes montés. Accordons encore pour les armes spéciales, telles qu'artillerie, génie, gendarmerie, etc., 30,000 hommes; cela fait 65,000; total, 296,170, que nous portons, pour somme ronde, à 300,000.

L'on remarquera que si dans notre calcul, il y a

quelque exagération elle est à votre avantage (car nous ne tenons pas compte des hommes hors de service, des dépôts, de l'armée d'Alger, de Morée, etc.), et nous consentons à reconnaître que ces trois cent mille hommes soient tous en état de faire la guerre. Avez-vous là ce qu'il faut pour résister à des masses aussi considérables que celles que les puissances étrangères veulent vous opposer?

Voilà la vérité. Il est dur pour un Français, à quelque parti qu'il appartienne, de la faire connaître; mais il est de son devoir d'éclairer ses concitoyens sur votre incapacité; incapacité, qu'il serait facile de prendre pour de la trahison. Il serait superflu de lever ici cette discussion; peut-être se trouvera-t-il parmi les nouveaux députés quelqu'un dont le courage, car il en faut pour attaquer le pouvoir, sera assez fort pour dresser une acte d'accusation, alors un jugement authentique et légal viendrait confirmer celui que la nation a déjà prononcé contre vous!

Comment qualifier votre conduite, si vous avez négligé l'organisation de l'armée, si vous avez laissé nos places fortes sans réparations, lorsqu'on vous avait donné de l'argent pour cet objet? Avez-vous travaillé à relever les remparts de nos citadelles? Ne sont-elles pas dans l'état le plus déplorable, et l'ennemi le moins entreprenant ne pourrait-il pas s'en emparer sans aucun péril?

Par votre conduite vous rendez donc votre gouvernement odieux; et, vous le savez, dans ce cas on ne le conserve pas long-temps.

Invisa nunquàm imperia retinentur diù.

SÉNÈQUE.

Je ne parlerai pas de ce qui concerne les marchés, l'armement et l'équipement : plusieurs journaux ont traité ce point sur lequel vous êtes encore en défaut, et des débats judiciaires provoqués par deux ministres, donneront bientôt des éclaircissemens qui seront de nature à piquer la curiosité publique, et à faire rire à leurs dépens, puisque c'est la seule consolation qui reste actuellement aux pauvres contribuables, pressurés sous le régime de la liberté et de la légalité, beaucoup plus qu'ils ne l'avaient été sous ceux de l'œil-de-bœuf, du conquérant ou de la légitimité ; gouvernement que les hommes d'aujourd'hui appelaient régime du bon plaisir, de déception ou de tyrannie. Hélas ! ces messieurs étaient comme l'homme de l'évangile, ils voyaient une paille dans l'œil de leurs voisins, et n'aperçoivent pas une poutre dans le leur.

Je crois donc impossible de songer à une guerre soit offensive soit défensive avec notre armée, et ne suis pas de ceux qui croient à cet élan national qui porterait des millions d'hommes sur les frontières en cas d'attaque. Je sais que tout Français ayant du sang dans les veines serait désolé de voir arriver les étrangers ; mais comme la grande partie de la population tient au commerce et que le commerce ne va pas , que partout l'on n'entend parler que de banqueroute, chacun aurait le prétexte de rester chez lui pour soigner ses affaires ; que sais-je même si beaucoup d'entre eux ne les appelleraient pas de tous leurs vœux, afin de vendre ce qui reste dans leurs boutiques, objets pour lesquels ils n'ont plus de débouchés? Il est facile de se rappeler ce que furent les fédérés armés dans toute la France, et qui, lors de la seconde invasion des étrangers, devaient les repousser; *ils ne parurent sur aucune frontière*. De tels hommes ne sont pas à craindre pour des armées régulières; ils ne font aucun mal à leurs ennemis, et ne peuvent être nuisibles qu'à leurs propres armées dans lesquelles ils apportent le désordre, les haines causées par la jalousie, et l'indiscipline.

Nous arrivons naturellement ici à la discipline des troupes, point le plus essentiel dans une armée, et cependant celui qui, depuis la révolution de juillet, a été le plus négligé; car on peut avancer, sans crainte d'être contredit, qu'il n'y a plus aucune discipline dans les troupes; que celle qui y existe encore n'est qu'apparente, et n'a plus aucune racine solide. Ce qui fit la force des armées romaines, de celles de la Grèce, et de tant d'autres nations qui ont porté la guerre chez leurs voisins, sans en excepter les armées françaises à plusieurs époques de notre histoire, est cette exacte discipline, cette discipline *passive*, sans laquelle point de salut pour une armée.

Il est essentiel de maintenir la subordination dans les troupes; mais il faut y poser de justes bornes. Elle doit unir entr'eux les différens grades et les faire concourir au même objet. Pour qu'elle ait toute son utilité, il est nécessaire que la volonté et la raison de celui qu'elle soumet, l'adoptent et la regardent comme essentielle. Si elle l'abaisse et l'humilie en mettant une distance excessive entre lui et son supérieur, celui-ci conçoit pour son inférieur un sentiment de mépris, et n'en obtient qu'un sentiment de haine. Tous les liens des corps militaires, au lieu de se resserrer, se relâchent; et tout le monde sait que c'est dans le rapprochement des parties que la solidité consiste. L'arrogance, la hauteur, la dureté, ne sont qu'erreur et injustice; elles éloignent les êtres nés pour la raison; la force qu'elles emploient leur est odieuse, le désir de la repousser vit toujours entre eux, et elle n'en obtient jamais que les secours qu'elle leur arrache, au lieu qu'ils donnent tous ceux dont ils sont capables à un chef qui sait s'en faire aimer. Et qu'est-ce qui fait aimer? c'est la bonté, c'est l'humanité, c'est tout ce qui dit à un homme avec qui l'on traite, tu es mon égal, mon ami, mon frère; le bien que nous désirons nous est commun; mais, pour l'obtenir, il faut un ordre, pour obtenir l'ordre il faut un pouvoir; qu'il n'excède point ce qui est nécessaire; qu'il n'agisse que lorsque nous marchons vers notre objet: hors de là, nous sommes égaux. Un corps militaire conduit par ces sentimens, serait invincible; toutes les forces de l'Europe échoueraient contre lui, et un autre Alexandre, un autre Bonaparte, un autre Napoléon, avec des Français ainsi disciplinés, asservirait l'Europe entière.

Voilà ce qu'il nous faudrait pour le bien de l'armée; hélas! nous sommes loin d'un tel résultat, et si long-temps une discipline exemplaire fut introduite dans les armée françaises, il faut convenir que la révolution de 1830 l'a entièrement écartée. A moins d'être de bien mauvaise foi, l'on ne peut être d'un autre avis. Le fait même de cette révolution l'a détruite; on le concevra facilement, puisqu'à peine elle eut éclaté, que les généraux qui furent mis à la tête des affaires proclamèrent par des ordres du jour, et ce qui est plus fort encore, du haut de la tribune, que les troupes qui avaient été fidèles à leur devoir, qui avaient obéi aux ordres de leurs chefs, étaient blâmables. Un tel principe émis par des généraux devait infailliblement porter son fruit; en peu d'instans il ne fut plus question de discipline dans les troupes. Je dirai plus, et ce fait est à la connaissance de l'armée, de la France entière, le gouvernement n'a pas craint d'avoir la faiblesse de tolérer que des sous-officiers et soldats, renouvelant les scènes de *Versailles* et de *Nancy*, lors de la première révolution, renvoyassent leurs officiers.

Quel homme jugeant les choses avec calme et sans passion, approuvera de telles mesures ? Comment un gouvernement assez pusillanime pour tolérer et récompenser de tels faits, peut-il espérer qu'au jour du danger ses soldats lui resteront fidèles ? La discipline militaire doit descendre dans tous les détails relatifs à l'éducation, à l'institution et à l'instruction des gens de guerre. Elle doit régler leur conduite, fixer leurs opinions et modifier leurs préjugés. « Qu'on me donne, disait Pyrrhus, » des hommes efféminés, des Sybarites, des hommes lâches et corrompus, j'en ferai des guerriers » valeureux. » Il avait raison, la discipline peut jusqu'à un certain point tenir lieu de valeur, de courage; peut-être même elle peut remplacer l'honneur et l'amour de la patrie; au moins produit-elle, à quelque chose près, le même effet que ces sentimens précieux. Marius et Marc-Aurèle sont obligés de recruter leurs armées avec des gladiateurs, des esclaves, des bandits; ils soumettent ce vil ramassis à une discipline sévère, ils en font des soldats valeureux, et donnent la loi à leurs ennemis. Dans des temps beaucoup plus rapprochés du nôtre, un grand homme a produit le même changement en usant du même moyen.

Aucune des actions des gens de guerre n'est indifférente; la discipline doit les peser toutes avec soin, et placer en conséquence leurs auteurs dans la liste de ceux qui doivent être récompensés ou qui méritent d'être punis. La plus importante des leçons que donne la discipline est celle-ci: *obéissez;* c'est la première que l'on doit donner à tout militaire; elle serait la seule, si ce qu'elle commande pouvait être exécuté sans apprentissage. L'on a dit qu'une armée sans discipline ne peut pas remporter de victoire; n'aurait-on pas dû dire: « sans discipline, il n'y a pas d'armée.» «Toutes les fois » que les Romains, dit Montesquieu, se trouvèrent » en danger, ou qu'ils voulurent réparer quelque » perte, ils affermirent la discipline militaire, et » s'en trouvèrent toujours bien.» Il n'est pas très difficile de discipliner un corps nouvellement formé, mais il l'est infiniment de faire rentrer sous le joug de la discipline un corps qui l'a secouée.

Il en est de la discipline militaire comme des lois civiles; elle doit être assimilée au génie du peuple auquel on la destine; on ne doit pas chercher à donner à une nation la meilleure discipline possible, mais celle qui convient le mieux à son caractère. Les Romains, qui adoptèrent ce qu'ils trouvèrent de bon dans les armes et la tactique des différens peuples, conservèrent toujours la même discipline. Il est plus aisé d'assimiler la discipline au caractère d'une nation, que de courber la nation sous le joug d'une discipline qui n'est pas analogue à son caractère.

Eh bien! ministres de la révolution, hommes qui pendant quinze ans aviez soin de vous proclamer gens parfaits, et de soudoyer des écrivains à gages pour vanter votre mérite, qu'avez-vous fait de cette discipline que toutes les nations enviaient à nos armées? Vous l'avez détruite, vous avez démoralisé la plupart de nos militaires, vous avez proclamé hautement que l'insubordination était un devoir lorsque cela pouvait vous être avantageux. Actuellement, êtes-vous capables de réparer cette faute? mais non, ce n'est pas une faute, c'est un crime de *lèse-nation*; crime qui, à lui seul, devrait vous faire descendre du char que vous êtes chargés de conduire, pour vous asseoir sur le banc de l'accusation! Comment ferez-vous pour rétablir cette discipline, pour engager tant de bons officiers qui refusent de servir sous vos drapeaux, par la seule raison qu'ils savent fort bien qu'ils n'y auront aucune autorité?

Il est reconnu que l'ordre que vous voulez faire exécuter est très souvent éludé, et que vous n'avez pas le pouvoir ni l'autorité nécessaire pour vous faire obéir; bien heureux encore lorsqu'on ne se révolte pas contre vos ordres, et qu'on ne se met pas en insurrection complète. Combien d'anciens militaires, ayant rendu des services signalés à leur patrie, couverts d'honorables cicatrices acquises sur le champ de bataille, n'ont pas quitté le service, lorsque vous avez proclamé de tels principes, lorsque vous avez puni la fidélité et récompensé l'insubordination et le parjure! Tous vos efforts seront impuissans, il vous est désormais impossible de vous faire obéir et respecter; quoi que vous fassiez, il n'est plus temps.

Un jour ne suffit pas pour créer une bonne discipline; un jour ne suffit pas pour l'établir; ces deux opérations sont l'œuvre du temps. On ne peut espérer de les exécuter sans tomber dans quelques erreurs; mais ces erreurs mêmes sont utiles, elles rendent les subordonnés moins confians, plus actifs et plus soigneux. La discipline militaire ne change pas un peuple dans un seul jour; mais elle le modifie peu à peu. Si elle ne rend pas phlegmatique celui qui était impatient, du moins elle empêche sa vivacité de lui être funeste.

C'est beaucoup lorsque le soldat est discipliné; mais il est bien plus essentiel de discipliner les officiers. On peut considérer une armée comme une machine composée d'un grand nombre de roues; si la quadrature d'une seule n'est pas parfaite, la machine ou s'arrête ou ne marche que d'une manière inégale. Il ne suffit pas que les officiers observent les lois de la discipline, il faut encore qu'ils se gardent de leur porter atteinte par des murmures indiscrets. Les soldats ne brisent, en effet, les liens de la discipline que lorsque les officiers leur en ont donné l'exemple, et lorsqu'ils les y ont engagés par des propos peu mesurés. Les esprits inquiets feraient moins de mal à la discipline en l'attaquant ouvertement, qu'en cherchant à la saper par des murmures secrets. Quelques soins qu'on donne à la discipline des soldats et à celle des officiers, de quelques succès que ces soins soient couronnés, elle sera bientôt détruite si les officiers-généraux ne sont pas disciplinés, et s'ils ne se font pas un devoir de payer à leur général en chef le tribut d'obéissance et d'égards qui lui est dû. Tout le monde sait qu'une armée sans discipline peut remporter une victoire; mais elle ne peut en profiter. Une armée disciplinée peut être battue ; mais elle n'est jamais défaite, ou au moins prend-elle bientôt sa revanche. Une armée disciplinée peut être surprise, mais pour cela elle n'est pas battue; une armée sans discipline qui est surprise par l'ennemi est ordinairement détruite.

Dans la description des batailles que les Romains ont livrées aux Gaulois et aux Germains, on voit ces derniers avoir souvent eu l'avantage au commencement de la journée, et presque toujours finir par être battus. C'est encore là un des effets de la discipline, elle donne de la constance et enseigne à reprendre ses rangs. Le cheval le mieux dressé devient bientôt indomptable dans les mains d'un mauvais écuyer : il en est de même d'un corps bien discipliné, lorsqu'il est confié à un chef inhabile.

Voulez-vous rétablir la discipline dans une armée ? punissez toujours le chef et jamais le subalterne. Un officier commet-il une faute ? que le colonel l'expie; un soldat manque-t-il à ses devoirs ? que son capitaine en porte la peine, et bientôt vous verrez l'ordre renaître. Que l'âge, la naissance, le rang, ne mettent personne à l'abri des punitions méritées, et la discipline acquerra chaque jour de nouvelles forces. La gravité et la durée des peines doivent toujours être en raison de l'élévation du grade.

Il ne faut pas être très versé dans l'histoire, pour savoir que Manlius Torquatus et le dictateur Posthumius ont fait mettre leurs fils à mort pour avoir manqué à la discipline. Le consul Aurelius Cotta ôte son emploi à un de ses parens, et fait battre l'autre de verges, pour avoir sans ordre attaqué et pris la ville de Lippari. Je rends grâce aux dieux de n'être pas Romain, diront peut-être quelques guerriers modernes ; comme eux je rends grâce au ciel d'être né Français, mais je regrette la discipline militaire de Rome.

Une des conditions indispensables pour établir une bonne discipline, est le grand discernement dans la distribution des peines et des récompenses; qu'elles soient relatives entre elles, et se rapportent aux actions qui les produisent. La discipline doit plutôt prévenir les crimes que prononcer des punitions, il faut qu'elle inspire des vertus au lieu d'infliger des peines, et c'est la plus importante des qualités générales que je crois nécessaire de lui attribuer. En effet, les peines infligées et les récompenses accordées d'une façon mal entendue, font nécessairement tomber la discipline.

Par exemple, si dans une armée les peines affectées à tel ou tel délit sont trop sévères, nul doute que l'on évitera continuellement de les infliger, et que par cette raison la discipline se relâchera. «Il ne faut pas punir les hommes, dit

» M. de Montesquieu, par des voix extrêmes, on » doit être ménager des moyens que la nature nous » donne pour les conduire. Qu'on examine la cause » de tous les relâchemens, on verra qu'elle vient » de l'impunité des crimes, et non de la modéra» tion des peines. Suivons la nature qui a donné » aux hommes la honte comme leur fléau, et que » la plus grande partie de la peine soit l'infamie de » la souffrir. » Je crois donc que, malgré la douceur qui doit être le principe de tout gouvernement, celui qui serait dans une situation si critique, que sa conservation dépendît d'une grande rigueur dans la discipline, ferait équitablement de l'établir sur ce principe, et alors personne ne réclamerait contre sa sévérité.

Ce qui se rapporte aux peines peut aussi se dire des récompenses, qui, en flattant l'intérêt personnel qui est la divinité chérie de tous les hommes, sont le ressort dont un législateur habile doit tirer le plus de parti, lorsque la prudence et l'économie président à la dispensation qu'il en fait. Les différentes natures et les différens principes de gouvernement sont encore parmi les premiers objets qu'on doit avoir en vue en les accordant.

Dans un gouvernement despotique où l'on n'est déterminé à agir que par l'espérance des commodités de la vie, le prince qui récompense n'a que de l'argent à donner. Dans une monarchie où l'honneur règne, le prince ne récompenserait que par des distinctions, si les distinctions que l'honneur établit n'étaient jointes au luxe qui donne nécessairement des besoins; le prince y récompense donc par des honneurs qui mènent à la fortune.

Mais dans une république, ce qui y ressemble beaucoup, dans un gouvernement régi par une constitution, où la vertu devrait régner, si elle n'y règne pas, motif qui devrait se suffire à lui-même et qui exclut tous les autres, l'état ne doit récompenser que par des témoignages de cette vertu.

On ne peut sans étonnement considérer la conduite de la plupart des nations, qui chargent tant de gens de la régie de leurs finances, et n'en nomment aucun pour veiller à l'administration des honneurs. Quoi de plus utile cependant que la discussion sévère du mérite de ceux qu'on élève aux dignités? Pourquoi chaque nation n'aurait-elle pas un tribunal qui, par un examen profond et public, l'assurât de la réalité du mérite et des talens qu'elle récompense? Quel prix un tel examen ne mettrait-il pas aux honneurs? quel désir de les mériter? Quel changement heureux ce désir n'occasionerait-il pas dans toutes les branches de l'administration? changement duquel dépend peut-être toute la différence qu'on remarque entre les peuples?

C'est une règle générale, que les grandes récompenses dans une monarchie et dans une république sont un signe de leur décadence, parce qu'elles prouvent que leurs principes sont corrompus; que d'un côté l'idée de l'honneur n'y a plus tant de forces; que de l'autre la qualité du citoyen s'est affaiblie. Par les ouvrages dans lesquels on traite de la discipline, il paraît que les anciens étaient plus riches et en même temps plus économes que nous dans les dispensations des moyens de l'entretenir. Et si d'un côté l'histoire nous montre les succès qui ont suivi l'exactitude à l'observer, elle nous expose avec autant de soin que son affaiblissement est l'époque ordinaire de la destruction des empires; parce qu'indépendamment des causes que j'ai déjà citées, il en est d'autres encore qui en font le poison mortel: je veux dire le luxe et la mollesse, qui entraînent toujours l'asservissement et la bassesse de la nation.

Depuis votre révolution de 1830, qu'avez-vous fait? Avez-vous cherché les moyens d'entretenir l'émulation dans les troupes, de vous faire des partisans, et d'organiser une armée dont la fidélité fût assurée à l'État? Je dis l'État, n'osant pas demander que l'armée soit désormais dévouée au souverain; si je tenais un tel langage, je m'exposerais à m'entendre appeler absolutiste, peut-être même partisan de la légitimité... Au lieu d'agir de la sorte, vous avez semé la discorde dans tous les rangs, dégoûté ceux qui pouvaient encore servir leur pays pendant un bon nombre d'années, destitué ceux que le dégoût n'avait pas encore éloignés des drapeaux. En revanche, vous avez prodigué des récompenses à tort et à travers; que dis-je, des récompenses? Ce sont des faveurs que vous avez faites à vos protégés, des croix que vous avez jetées à la tête de ceux qui ne croyaient y avoir aucun droit. A vous voir agir de la sorte, l'on aurait cru que vous aviez mission de dégrader cet ordre, qui ne devrait être que la récompense de services, et non le salaire de quelques bassesses.

Si j'aborde l'avancement que vous avez donné dans l'armée, que de choses ne peut-on pas vous dire? Combien d'humiliations n'avez-vous pas reçues, si tant il y a que vous soyez capables de sentir une humiliation? En effet, beaucoup de braves qui, pendant longues années, avaient arrosé de leur sang plus d'un champ de bataille, s'étaient trouvés à la prise du Caire, de Naples, de Vienne, de Berlin, de Madrid, se reposaient sur leurs lauriers. Des évènemens politiques, un changement de gouvernement, les avait trouvés fidèles à leurs sermens; pour ne pas être parjures comme vous, ils préférèrent la vie modeste, la médiocrité, beaucoup d'entre eux la misère même au lieu de servir ceux qu'ils n'aimaient pas, parce que le nom de traître leur paraissait indigne de cette partie de gloire à laquelle ils avaient participé, et qui était leur juste propriété. Ces braves militaires vivaient, si ce n'est parfaitement heureux, peut-on l'être lorsqu'on est misérable et qu'on a à peine le nécessaire pour subsister et faire subsister sa famille? du moins ils vivaient dans la tranquillité, éloignés des intrigues, jugeant la pièce du parterre, méprisant les traîtres, et versant quelques larmes chaque fois qu'ils voyaient l'un d'entre vous manquer aux règles de l'honneur.

Tous ces braves militaires, par la raison seule qu'ils n'avaient pas été employés, vous leur avez donné places et commandemens. Combien d'entre eux vous ont déjà abandonnés, disant : « Ma fortune, » c'est mon épée, mais une épée que je puisse porter » sans me déshonorer; avec vous ce n'est pas pos- » sible, j'aime mieux retourner à ma charrue, » et laisser l'emploi que vous m'aviez confié, à » celui qui pourra se plier et exécuter ce que vous » exigerez de lui. » L'avancement que vous avez accordé à de tels hommes ne les a pas corrompus; tant il est vrai que l'or et les richesses ne peuvent rien sur l'honnête homme.

C'est vous-même qui me donnez les preuves de ce que j'avance; aucune trahison de vos bureaux n'est venue à mon secours, c'est le journal militaire officiel à la main que je vous parle. J'y vois tous les jours que ceux que vous avez retirés des travaux auxquels ils se sont livrés, y retournent, que beaucoup d'autres que vous voulez arracher à la vie paisible vous refusent, poliment je le pense, car je vois continuellement des refus d'emplois.

D'où provient une pareille chose, qui peut la motiver? Le peu de confiance que vous inspirez, l'indiscipline que vous avez laissé introduire dans les rangs de l'armée.

Le manque de confiance, vous n'en doutez pas, est pour beaucoup dans le peu de zèle que chacun met à offrir ses services au gouvernement. Il est facile de comprendre que le militaire qui a longtemps porté un uniforme honoré de ses concitoyens, respecté de la France et de l'Europe entière, après avoir pris quelques années de repos, ne va pas choisir pour rentrer au service le moment où vous laissez insulter le drapeau national par toutes les nations grandes et petites, voire même le prince de Monaco! Que celui qui était en activité de service lorsque vous avez pris les rênes du gouvernement y reste, rien de plus simple; il a ses habitudes, ses mœurs, il y est plié, rompu, et naturellement il y reste parce qu'il ne peut faire autrement.

Quant à l'indiscipline, elle est telle, et cela parce

que vous l'avez hautement vantée, qu'il est difficile que le militaire connaissant le service, ayant fait la guerre, consente à rentrer dans les rangs, lorsque vous avez proclamé que l'obéissance était impossible; lorsqu'il est juridiquement reconnu qu'un officier, s'il ne juge pas tel ordre conforme à ses opinions politiques, à ses affections, peut refuser l'obéissance. Avec de tels principes vous ne pouvez vous rallier personne, vous ne pouvez attirer aucun vieux militaire sous le drapeau. En vain vous direz que c'est l'esprit de parti qui les éloigne, personne ne vous croira, sur vous seuls on en rejettera tout le blâme.

Au surplus, pour être juste dans la critique, il faut avouer avec franchise autant qu'avec regret, que, de ce que la loi ne prononce pas sur les récompenses comme sur les peines, il doit nécessairement arriver :

1° Que l'intrigue, la bassesse, les arrachent du ministre qui en est le dispensateur, et que c'est la naissance, le crédit, la position politique, la richesse, la protection, qui obtiennent ce qui devrait appartenir de droit au mérite;

2° Que les grades militaires les plus distingués, qui autrefois n'étaient accordés qu'à la classe la plus élevée de la noblesse, sont actuellement dévolus à la richesse, ou, pour se servir d'une expression plus appropriée, à l'aristocratie financière, à qui ils semblent dévolus, à l'exclusion de tous autres prétendans. Et, quoiqu'il n'y ait pas d'empêchement positif qu'un brave militaire obtienne le tour revenant au choix, l'habitude des faveurs à laquelle il n'est pas initié, le retient dans les grades subalternes.

3° Que, par la dispensation qui s'en fait, lorsqu'on les attribue au rang, à la richesse, au crédit de cour, et non au mérite sur lequel la loi ait statué, ils ne font qu'animer la cupidité, sans enflammer le désir de les mériter. Ces faveurs semblent moins faites pour récompenser la vertu, que pour satisfaire l'avidité des gens en faveur et puissans. Il doit résulter de là que les hommes distingués par les dignités sont souvent les moins propres à les remplir.

4° L'espoir d'avancement des officiers de mérite n'étant que secondaire, leurs efforts pour l'obtenir doivent être de même nature; car tout est relatif dans le monde, ce qui engourdit considérablement les facultés.

5° Que les dispensateurs des grâces, perpétuellement séduits par l'intrigue, sont souvent entraînés à en diminuer la valeur par le choix des sujets sur lesquels ils sont forcés de les répandre. Si pour porter la nouvelle de la reddition d'une redoute, je suis plus honorablement récompensé que celui qui, étant entré dedans le premier, a essuyé mille coups auxquels il a été assez heureux d'échapper, on aimera mieux porter la nouvelle, que d'emporter bravement et au péril de sa vie le poste; il y aura moins de désir d'obtenir les récompenses, et moins d'actions pour les mériter. On regardera moins honorable de les avoir obtenues, que douloureux d'en être privé; l'on attendra dans le dégoût celles auxquelles l'usage donne droit de prétendre avec les années, et l'on se retirera le lendemain.

Malo benefacere, tantumdem est periculum, quantum bono malefacere. PLAUTE.

Cette bizarrerie de notre législation militaire est indépendante de votre volonté, je dois l'avouer ici; mais puisqu'avant d'être parvenus au pouvoir, vous ne cessiez pendant vos quinze années de conspiration flagrante, de crier contre les abus, contre la légitimité, comment n'avez-vous pas pris des mesures, aussitôt que vous avez eu l'autorité en main, pour abolir ce système de faveurs, système pernicieux et destructeur de toute discipline dans les armées? Nul ne voudra soutenir en effet que là où il n'y a ni zèle, ni émulation, il y ait bons services; par conséquent l'on voit de la négligence dans la tenue, dans l'exécution des devoirs, et c'est justement cela qui s'appelle l'indiscipline et qui constitue une armée très difficile à diriger.

Je viens de parler des récompenses honorifiques, mais il ne faut pas négliger de dire un mot sur un autre genre de récompenses, qui, quoique honteuses en elles-mêmes, n'existent pas moins, et seront abolies avec bien de la difficulté; ce sont les récompenses pécuniaires. Tout le monde sait qu'il est continuellement accordé des gratifications, des hautes payes, et que ce ne sont jamais de pauvres officiers qui les obtiennent, mais des favoris de la cour, ou des généraux dont tout le service se fait dans les salons de Paris. Combien de personnes sont employées à ne rien faire, mais ont un brevet qui les attache à telle ou telle commission, où il ne font rien que recevoir chaque mois leur solde entière! D'autres sont envoyés en mission pour porter une lettre dont la poste se serait chargée à beaucoup meilleur marché. Quelquefois, il faut l'avouer, une gratification est accordée à un militaire pour telle ou telle action d'éclat, ou pour un service rendu à l'état. Ce genre de récompense est indigne, avilissant pour les braves militaires; un mot honorable flatterait beaucoup plus leur amour-propre. Les gratifications pécuniaires ne sont bonnes que pour les intrigans et les officiers sans mérite.

Si l'économie ne dispense pas ces récompenses; si elles sont moins le signe de la reconnaissance de la nation envers un sujet qui se sera distingué, qu'une marque de la bienveillance de l'homme en place qui a la clef du trésor; si la justice n'établit pas la proportion entre elles et les actions dont elles seront le prix; si la vertu, toujours timide, n'obtient rien, parce que l'intrigue, toujours audacieuse, sait le moyen de tout envahir; si pour avoir eu peur d'une contusion, j'ai cent écus comme mon camarade qui a eu le bras emporté, ces récompenses deviendront onéreuses à l'état sans stimuler le mérite, le dégoûteront au contraire, et ne feront qu'allumer davantage dans les intrigans l'insatiable désir dont ils sont dévorés, de tout obtenir sans les porter à rien mériter.

Une discipline qui manque de toutes les qualités dont je viens de parler, et qui a tant de défauts, doit le céder à celle des peuples chez qui elle est plus parfaite; il faudra que ceux-ci l'emportent sur les autres à la guerre; ayant des qualités plus solides pour mériter des succès, il faut que des effets proportionnés s'ensuivent; à la guerre comme en physique les effets sont proportionnés aux causes.

Lorsque je lis l'histoire tant ancienne que moderne, que j'arrive à la description d'une bataille dont je ne connaissais pas les détails, j'ai quelquefois essayé de deviner quel avait été le vainqueur, rarement je me suis trompé, quand j'ai connu quelle était la discipline des deux armées.

Je me résume sur tout ce que je viens de dire de la discipline à ce peu de mots: 1° régularité de mœurs; 2° obéissance *passive* de l'inférieur au supérieur; 3° les châtimens dont on punit les fautes justement ordonnées; 4° les récompenses accordées avec discernement.

Beaucoup de gens pensent que les militaires ont plus de droit que les autres de violer les lois de la religion et de la vertu; c'est une erreur aussi ridicule et grossière que funeste. Pour être bon soldat il faut nécessairement avoir plus de vertu que les hommes ordinaires, moins de faiblesses, plus de courage et peu de crainte de la mort. Les vices sont contraires aux sentimens d'honneur et à la valeur même qui doit distinguer le soldat. Le luxe, le vin, les femmes, affaiblissent l'esprit, ruinent le corps et amollissent le courage. Si l'esprit perd sa vivacité et le corps sa vigueur; si l'on devient tendre et délicat, où trouvera-t-on le soldat et le général? Rien n'est plus nécessaire que d'avoir une sévère discipline dans les lieux où les troupes campent, où elles marchent et où elles sont en garnison. Dailleurs la guerre est en elle-même un si grand mal, que l'on doit faire tous ses efforts pour en modérer tous les effets : maltraiter les paysans, leur enlever ce qui leur reste dans leur misère, débaucher leur femmes et leurs filles : quoi de plus horrible ? quoi de plus digne d'être puni ?

Le but de celui qui entreprend une guerre, est de combattre son ennemi en campagne, et de gagner des batailles ; mais bien loin d'en gagner, on ne doit pas prudemment en hasarder avec des troupes sans discipline. Il faut du temps pour discipliner une armée, encore plus pour l'aguerrir, et beaucoup plus encore pour faire de vieilles et de bonnes troupes ; au surplus il est reconnu qu'il est plus difficile de ramener des troupes sous la discipline, quand elles l'ont une fois perdue, que d'en former de nouvelles. Que de motifs donc pour les chefs de tous les rangs, de concourir à ce qu'elle soit toujours en vigueur, et n'éprouve pas la moindre altération, puisque ses suites en sont si graves !

De tout ce que je viens de dire sur la discipline militaire, je crois qu'il résulte bien patemment qu'il n'en existe aucune en ce moment dans nos armées. Vous l'avez cependant trouvée bien établie lorsque vous avez pris les rênes du gouvernement ; vos principes d'anarchie que vous aviez besoin de proclamer pour vous affermir au pouvoir vous ont seuls portés à la détruire. Peu d'instans après avoir obtenu ce résultat, vous en avez éprouvé des regrets ; mais il n'était plus temps, et, comme on le dit trivialement, l'arbre porte ses fruits. A chaque instant vous avez des insubordinations difficiles à réprimer : là c'est une garnison qui tolère qu'on insulte son général que, quelques jours auparavant, elle révérait ; les officiers ne vengent pas l'insulte du charivari que les habitans d'une de nos premières villes de guerre lui donnent. Dans une autre garnison, c'est un militaire qui refuse d'obéir à vos ordres, et dont l'insubordination est récompensée par un jugement militaire et par l'approbation des feuilles publiques, auxquelles se joint celle d'une immense quantité de citoyens! Voilà où vous avez conduit l'armée, votre jugement n'est pas difficile à prononcer, vous êtes *incapables* ou *coupables!...* Mon opinion serait de très peu de poids; mais celle de la nation entière n'est pas douteuse, et je suis persuadé que si elle était appelée à décider, elle ne balancerait pas *pour l'un et pour l'autre.*

Après m'être étendu si longuement sur ce point de la discipline, après avoir donné toutes mes raisons que j'ai puisées dans les faits qui sont journellement publiés par les journaux, et que ceux à vos gages répètent complaisamment, il est facile de comprendre que, lors même que vous auriez sous les armes une armée considérable, vous ne pouvez pas lui faire hasarder une guerre lorsqu'elle n'est pas disciplinée; ce serait compromettre la gloire nationale. Mais ce n'est pas là, tout le monde en est persuadé, la cause qui vous retient; vous l'avez compromis sous tant d'autres points, cet honneur national, que vous avez bien prouvé ne pas y tenir beaucoup.

Ce que j'avance ici n'est pas douteux. Avant d'être parvenus au pouvoir, vous étiez des hommes par excellence, l'intérêt national seul vous guidait, tous ceux qui ne partageaient pas vos opinions, vos principes, étaient de mauvais citoyens, des ennemis du peuple; eh bien! qu'êtes-vous? Rien, si ce n'est des hommes honnis de ceux-là même qui vous vantaient, et dont vous vous êtes servis pour monter sur les marches du trône. Actuellement vous êtes jugés par vos propres actions, et certes vous devez regretter de vous être élevés. Vous étiez quelque chose aux yeux de certain parti, ce même parti vous renie aujourd'hui, et vous terminerez dans les remords une vie qui jusque alors avait pu être, non sans ambition, mais au moins pouvait paraître honorable à vos partisans, et peut-être, jusqu'à un certain point, à vos adversaires. Lorsque vous serez rentrés dans la vie privée, vous servirez, comme tant d'autres, d'exemple à vos contemporains et à la postérité; mais ces leçons, trop fréquentes, sont inutiles!

Triste exemplum, sed in posterum salubre.
Tit. Liv.

J'aborde maintenant un troisième motif qui me fait croire la guerre impraticable, et celui-là je ne l'impute ni à votre incapacité, ni à vos mauvaises intentions; il est entièrement étranger à votre volonté, les évènemens politiques qui se sont succédé avec une si grande rapidité depuis quarante ans, en sont la seule cause. L'on comprendra sans peine que c'est des chefs à donner à l'armée, que j'ai intention de parler, et qu'il ne me sera pas difficile de prouver qu'il en existe très peu, capables de se présenter à leurs concitoyens comme gens intacts de trahison, toujours fidèles à leurs sermens, par conséquent à l'honneur. S'il se trouve peu d'officiers-généraux dans cette catégorie, pouvant inspirer de la confiance à la nation, et surtout à leurs subordonnés, comment sera-t-il possible de les employer à la guerre? Cependant, avant de traiter cette question délicate, il est nécessaire d'envisager et de discuter l'opportunité d'une guerre soit offensive, soit défensive, et rechercher ce qui peut décider le gouvernement à la faire, ou s'il est vraiment impossible de l'entreprendre. Après quelques réflexions sur cet intéressant sujet, j'arriverai au choix des généraux, ce qui n'est certainement pas de peu d'importance.

Ce n'est pas assez qu'une guerre soit utile et nécessaire, il faut encore qu'elle soit juste. La guerre offensive n'a pas besoin d'être discutée ici, parce que je crois que la politique de notre gouvernement nous a mis dans une telle position qu'il serait impossible de songer à la faire; ne nous occupons donc que de la guerre défensive, celle à laquelle nous serons peut-être forcés, en dépit du ministère, et simplement pour complaire à une partie de l'opinion publique.

On doit considérer comme une sorte de guerre défensive celle qu'on entreprend pour recouvrer un pays usurpé; pour prévenir un ennemi qui se prépare à vous attaquer et entrer dans votre pays; pour punir des rebelles qui se sont révoltés contre leur souverain votre allié; pour contrebalancer les forces d'un conquérant trop puissant. C'est une excellente maxime de politique, de prendre toutes les mesures possibles, afin de persuader que la guerre où vous vous engagez n'est qu'une pure défense. Par cette tactique, vos sujets contribuent plus volontiers aux frais de la guerre, et les princes voisins, moins alarmés que s'ils croyaient que vous armez pour faire des conquêtes, ne se déclarent pas contre vous. En bonne politique, il faut se préparer à la guerre, lorsque le prince qui peut vous la faire vous demande amicalement ce que vous ne pouvez lui accorder à moins d'y être forcé par les armes, parce qu'une pareille demande ne peut être regardée que comme un artifice, a fin que le refus serve de prétexte pour déclarer la guerre.

Il peut arriver que sur la route que les ennemis ont à tenir dans leur marche, pour entrer dans votre pays, ils n'aient ni défilés ni rivières à passer. Il se peut aussi que vous ne vous trouviez pas en position de soutenir et de garder ces passages, parce que vous n'avez pas assez de troupes, ou parce que l'ennemi vous a prévenu et a fait marcher, sans que vous soyez sur vos gardes, des détachemens qui les ont occupés. Par conséquent, si leur marche doit être longue, et s'il n'y a qu'une seule route, il faut ordonner aux habitans de ces contrées que, dans un certain temps, ils aient à se retirer à telles places que vous désignerez, ou à une distance de tant de lieues, avec toutes leurs familles, leurs grains, leurs provisions, leurs bestiaux, leurs fourrages et le peu de munitions qu'ils peuvent avoir. Dans le cas dont il est question ici, il ne faut pas négliger d'ordonner de détruire tout ce qui ne peut s'emporter; de brûler les moissons, couper les ponts, rompre les digues, gâter les chemins; en un mot, de faire tout ce qui peut retarder la marche de l'ennemi. Une autre précaution à prendre contre la marche de l'ennemi, c'est de corrompre les eaux, combler les puits, en retirer les cordes et les seaux, y jeter des cadavres d'animaux morts, sans pourtant les empoisonner, ce qui n'est jamais permis, et qui dans les temps presque barbares a été déclaré indigne par Charles V contre l'infidèle Barberousse, par Fabrice contre Pyrrhus, et par Tibère contre Arminius.

Certes, la guerre est une plaie terrible; dans une guerre offensive, c'est contre les habitans étrangers qu'on emploie ces moyens; ce qui répugne peut-être moins au cœur du général qui est obligé de donner ces ordres barbares, mais indispensables. Lorsqu'au contraire il s'agit d'une guerre défensive, il faut, il est de toute nécessité que le général en chef, écartant tout principe d'humanité, prescrive toutes ces mesures qui ruinent le pays sur lequel est porté le théâtre de la guerre. Si les ordres s'exécutent exactement, il est impossible que les ennemis fassent plusieurs marches dans le pays, parce qu'une armée, quelques charrois qu'elle puisse avoir, est continuellement obligée de remplacer, dans les lieux par où elle passe, certaines provisions qui sont consommées et qui manquent, ainsi que cela s'est toujours vu. César avait coutume de dire qu'il agissait contre les ennemis comme les médecins contre les malades; qu'il valait mieux les vaincre par la faim que par le fer.

Que ces ordres, quoique sévères, soient justes ou en aient l'apparence, vous êtes persuadés que les habitans y obéiront, si ce n'est de très bon cœur, du moins parce qu'ils en sentiront la nécessité.

Justa imperia sint, iisque cives parenti.

CICÉRON.

Promettez-leur, par ces mêmes ordres, d'augmenter leurs priviléges, de rebâtir les maisons qu'eux ou les étrangers détruiront, et de les dédommager amplement de leurs frais de transport. Promettez-leur des moyens d'existence honorables dans les lieux où vous les envoyez; et, en conscience, le prince doit leur tenir parole dans cette circonstance, ce qui cependant arrive rarement. Il faut dans ces cas beaucoup de fermeté; menacer de brûler les villages et de les traiter en ennemis pour le moindre retard apporté dans l'exécution des ordres. Pour engager les habitans à plus d'obéissance, il faut faire courir le bruit que l'ennemi pille et ravage tout ce qui se présente devant lui.

Il faut avoir soin de munir de provisions les places qui sont exposées à être attaquées par l'ennemi, et qui, par leurs fortifications, sont en état de faire une défense qui vous donne la facilité d'assembler une armée, pour venir à leur secours; par cette manœuvre l'on amuse l'ennemi en lui faisant éprouver de très grandes pertes.

On doit fortifier certains postes convenables pour établir les magasins et les hôpitaux, pour couvrir les convois, pour conserver les communications avec les pays qui ne sont pas attaqués, pour soutenir le passage des rivières, et les chemins nécessaires pour le commerce. Il n'est pas facile de décider si celui qui se tient sur la défensive doit employer une partie de son armée pour renforcer les garnisons, ou tirer des troupes des garnisons pour les envoyer aux armées. Avant de s'arrêter sur ce point, il faut examiner s'il est à propos de risquer une bataille ou de l'éviter, parce qu'il y aurait de l'extravagance à affaiblir les garnisons si l'on ne doit pas faire combattre l'armée, ou à affaiblir l'armée si elle doit risquer le combat. Mais en supposant qu'on veuille hasarder une bataille lorsqu'une occasion favorable pourra se présenter, il n'y a pas d'inconvénient de renforcer l'armée d'une partie des garnisons des places où vous êtes moralement assuré de pouvoir jeter des secours lorsque même vous seriez battu. Je pense néanmoins que l'on doit prendre le parti de tirer des troupes des garnisons, que l'on y est même obligé, si l'on voit que le seul succès de la bataille peut décider de cette guerre, ou si l'on se trouve dans des circonstances qui forcent de risquer le tout pour le tout.

Toutes les frontières ne sont pas également favorables pour soutenir une guerre; mais lorsqu'on craint d'être forcé de se défendre contre l'injuste invasion des étrangers, il faut prendre garde de se laisser tromper par les premières apparences ou par les bruits que les ennemis répandront par rapport à leur marche pour entrer dans votre pays. J'ai oublié de dire plus haut que le désir d'aller occuper un défilé ne doit pas vous engager à vous porter trop avant, dans la crainte que les ennemis puissent, en passant par un autre côté, vous couper la retraite ou la communication de vos magasins. Si les gués des rivières que les ennemis doivent passer, sont aisés à garder avec peu de troupes, à cause de leur rapidité, de leur profondeur ou de leur mauvais fond, ou parce qu'ils sont un peu éloignés les uns des autres, envoyez des détachemens qui se retrancheront au-devant de ces gués, y dresseront de bonnes batteries, et se tiendront de pied ferme chacun à son poste, quand même ils apprendraient que les ennemis en attaquent d'autres. Pour le secours des partis attaqués, conservez des corps de troupes, dont la plus grande partie sera de la cavalerie, afin qu'elle se porte plus promptement où le besoin l'exigera.

Il est indispensable d'avoir parmi les ennemis des espions, qui vous donneront des renseignemens exacts sur la destination de chaque détachement, afin de n'être pas trompés par les ruses. Autrement, par une fausse marche, ils vous attireraient loin du gué ou du défilé que vous voudriez leur défendre, et ils le passeraient avec facilité.

Lorsque vous êtes en campagne, que vous projetez une attaque sérieuse sur l'ennemi, faites courir le bruit parmi vos troupes que vous voulez attaquer d'un autre côté; faites tous vos préparatifs de manière à rendre ces bruits vraisemblables, mais d'où vous puissiez pourtant, à peu de frais et en peu d'instans, les faire changer de direction. Le meilleur moyen de tromper l'ennemi est de commencer à tromper vos propres généraux. Quelquefois la vérité même peut servir à tromper l'ennemi, en publiant ouvertement sur quel point vous voulez les attaquer ; ils ne voudront pas ajouter foi à un dessein annoncé publiquement à l'avance, et se laisseront surprendre.

César dans ses guerres, et Buonaparte à son immortel passage des Alpes, nous prouvent qu'un chemin rude et difficile, et qui paraît impraticable pour la marche d'une armée, est ordinairement mal gardé. Il en coûtera beaucoup moins de monde pour surmonter les obstacles du terrain, que pour vaincre la résistance d'une armée dans un défilé.

Il ne faut jamais laisser de places fortes occupées par l'ennemi derrière soi. Bélisaire donnait pour raison que s'en étant rendu maître, on y trouvait une retraite en cas de déroute : à cette raison que donnait Bélisaire, qui doit paraître bonne, on peut ajouter que toutes les fois que vous laisserez une place derrière vous, la garnison, telle petite qu'elle soit, incommodera continuellement vos convois et vos détachemens, et apportera toujours des obstacles à la communication qui doit exister entre l'armée et le centre des opérations. Pour cette raison, si l'ennemi vous attaque sur les frontières sur lesquelles vous avez des forteresses, il faut prendre toutes les mesures possibles pour qu'elles ne tombent pas en son pouvoir.

Lorsque vous soutenez une guerre défensive sur deux frontières différentes, tâchez de tromper les ennemis, et de leur dérober une ou deux marches pour joindre vos armées, afin d'attaquer ensemble une seule des leurs, avant que l'autre puisse arriver au secours. En effet, quoique les troupes auxquelles vous avez marqué votre marche, profitent de votre absence pour commettre des hostilités dans votre pays, si vous réussissez à battre une des deux armées ennemies vous reviendrez bientôt contre l'autre. Il est bon néanmoins de faire observer que, dans ce cas, il faut abandonner la province la moins exposée à souffrir de grands ravages, pendant ce peu de jours, soit par la position de ses places fortes, soit parce que le pays est coupé de rivières et de défilés qui rendent les courses des ennemis difficiles.

Quand les ennemis se mettent en campagne avec un nombre égal ou inférieur au vôtre, dans un pays où vous pouvez leur livrer le combat, tâchez de les attaquer avant qu'ils aient été rejoints par les autres régimens qu'ils doivent recevoir sous peu de jours, parce que si vous remportez la victoire sur ces premiers ennemis, il ne vous sera peut-être pas très difficile de vaincre les autres. L'armée s'affaiblit quand elle est séparée ou divisée ; mais elle augmente et devient presqu'invincible quand elle est unie. Voici comme s'expliquait au neuvième siècle l'empereur Léon, dans un ordre qu'il envoyait à Nicéphore son général : » Attaquez les ennemis, lui dit-il, dans un pays ou » dans un autre, avant qu'ils se joignent; et maintenant que les barbares d'Egypte, de Sourie et » de Carmonie font leurs préparatifs contre les » Romains, allez avec l'armée navale prendre l'île de » Chypre, et avant que les barbares réunissent leurs » forces, attaquez ou brûlez leurs vaisseaux jusque » dans leurs ports mêmes. »

Ainsi l'on voit que le système d'attaquer les troupes avant qu'elles soient réunies, est une bonne tactique, puisqu'elle est adoptée de nos jours par les bons généraux, qu'ils ne la suivent qu'avec la certitude qu'elle doit leur procurer de grands avantages. L'on voit que c'est une excellente tactique, puisque dans les temps de barbarie, où l'art militaire était certainement dans son enfance, comparativement à ce qu'il est de nos jours, on la pratiquait déjà.

Il est reconnu que l'infanterie lorsqu'elle est bien exercée, surtout disciplinée, a de grands avantages sur la cavalerie, quelle que soit l'expérience de celle-ci. Mais comme ce n'est pas assez que le commandant comprenne ses avantages, si l'infanterie elle-même n'en est pas persuadée, je vais lui indiquer des moyens de connaître sa propre force, afin que par la confiance qu'elle en aura, elle perde la crainte qu'elle peut avoir quand on l'ignore. Certes, ce point n'est pas indifférent pour nos armées, car je ne veux pas contester ici le mérite et la valeur de notre cavalerie ; mais personne ne sera assez injuste pour me blâmer si je prétends que les puissances qui paraissent disposées à nous attaquer ont plus de cavalerie que nous, et une cavalerie mieux montée. Les Autrichiens ont la cavalerie hongroise dont il est impossible de contester le mérite. Les Prussiens ont une grosse cavalerie très expérimentée, et nous n'avons pas dans nos armées d'éclaireurs à comparer aux Cosaques; en outre, la cavalerie de ces trois puissances est beaucoup plus considérable que toutes celles que nous pouvons leur opposer. Il me paraît donc opportun de faire les réflexions suivantes, n'en déplaise aux critiques qui, pour paraître prendre les intérêts de nos armées, voudront blâmer ce que je viens d'avancer; persuadé que les militaires qui ont fait la guerre soit comme alliés, soit comme ennemis de ces puissances, seront de mon avis.

Pour dissuader l'infanterie d'une fausse prévention, et du peu de raison qu'elle a de craindre la cavalerie, détachez quelques pelotons d'infanterie pour attaquer de la cavalerie en nombre égal, lorsque vous serez informé qu'il s'en trouve sur tel chemin. Envoyez-en aussi contre une grand-garde, lorsque la retraite jusqu'à votre armée ne sera pas longue, ou que vous pourrez disposer des troupes pour les soutenir contre celles qui viendront pour protéger la grand-garde attaquée. L'occasion se présente souvent lorsqu'une place est assiégée, des détachemens de cavalerie viennent faire des reconnaissances jusque sous les murs; c'est là qu'il faut les faire attaquer par l'infanterie, et s'ils plient on envoie de suite de plus forts détachemens pour les détruire. Lorsque vous aurez souvent réussi dans ces sortes d'attaques, ces exemples encourageront l'infanterie, et elle finira par attaquer des escadrons entiers, surtout si les officiers ont bien démontré à leurs soldats quelle est leur force lorsqu'ils sont bien exercés et disciplinés. César, ne cessant de représenter à l'infanterie l'avantage qu'elle avait sur la cavalerie en nombre égal, et de mettre souvent aux mains la première contre la seconde, fit que son infanterie avait un parfait mépris pour la cavalerie. Dans la fameuse retraite, connue sous le nom de retraite des dix mille, que les Grecs firent après la mort de Cyrus, Xénophon, leur chef, les voyait tristes de ce qu'ils n'avaient pas de cavalerie, tandis que celle de Tissapherne, très nombreuse, les chargeait continuellement. Entre autre représentation que Xénophon leur fit, il leur disait, « que dix mille hommes à cheval n'étaient » que dix mille combattans, parce que personne » ne mourait de la morsure des chevaux. » Par cette raison, et autres de même nature, il anima si bien ses soldats contre cette cavalerie, qu'elle les poursuivait toujours en vain.

Les officiers d'infanterie doivent aussi faire comprendre à leurs soldats que s'ils venaient à fuir, ils ne pourraient jamais échapper à la cavalerie qui court mieux qu'eux, et qui les massacrerait impitoyablement. Qu'au contraire, s'ils se tiennent serrés, en bon ordre, et ne perdant pas courage, il est presque impossible que la cavalerie leur nuise; et que, par conséquent, la sûreté de leur vie dépend de leur fermeté et de leur discipline : ce qui est certain; car, dit Aristote, le fantassin sans ordre et discipline, est un soldat inutile.

L'on doit faire attention que les détachemens d'infanterie que je conseille d'envoyer contre la cavalerie, doivent être des soldats d'élite, commandés par des officiers de sang-froid et expérimentés, qui choisiront un terrain plus avantageux à l'infanterie qu'à la cavalerie, parce que si ces détachemens étaient battus, bien loin de parvenir au résultat que vous vous proposez, l'on tomberait dans l'inconvénient contraire. J'ajouterai encore que, si l'infanterie met en déroute la cavalerie, il ne faut la poursuivre qu'en bon ordre, et seulement assez loin pour s'assurer la victoire, parce qu'il y aurait à craindre que l'infanterie, venant à se fatiguer, rompît ses rangs en voulant suivre la cavalerie, où qu'elle ne tombât dans quelque embuscade.

Dans divers ouvrages que j'ai précédemment publiés sur l'art militaire (1), j'ai traité de l'utilité

(1) Considérations morales et politiques sur l'art militaire; Mémoire sur l'organisation militaire, etc., etc.

indispensable d'exercer les troupes à la gymnastique, parce qu'elles y acquièrent de la force, de l'adresse, et, ce qui est préférable à tout, de la santé. Je ne reviendrai pas sur ce sujet dans cet écrit, mais je conseillerai un nouvel exercice que j'ai oublié de recommander dans ces ouvrages, et que je considère comme un des plus importans et des plus utiles. Il me semble déjà voir le sourire de pitié sur les lèvres de mes lecteurs ; mais peu m'importe, un auteur est habitué à être blâmé, critiqué, parce que la plupart de ceux qui le lisent ne le comprennent pas. J'espère cependant que les militaires, entre les mains de qui cet écrit tombera, voudront bien appesantir ma proposition, et je suis persuadé que beaucoup d'entre eux l'approuveront. C'est leur approbation que j'ambitionne, et non celle des critiques de profession, qui ont pour habitude de blâmer toute idée nouvelle, par la seule raison qu'on l'a eue avant eux.

Je voudrais donc que dans toutes les garnisons d'infanterie il y eût un ou plusieurs chevaux à la disposition des corps; que ce fussent surtout des chevaux robustes; qu'on les fît monter l'un après l'autre par des hommes habiles à manier un cheval; que ce cavalier fonde sur un fantassin qui l'attendra de pied ferme, seulement un bâton à la main, et les soldats verront qu'en ne faisant que voltiger ce bâton aux yeux du cheval, ou en le touchant à la tête, le cheval fera un écart sans vouloir avancer, à moins qu'il ne soit dressé à ce manége. Après avoir fait cet exercice, les officiers représenteront aux soldats que, si un cheval s'effarouche d'un homme qui tient ferme, n'ayant qu'un bâton à la main, à plus forte raison ils trouveront que les efforts de la cavalerie sont inutiles contre des bataillons serrés, dont les baïonnettes, les balles, l'éclat des armes, la fumée et le bruit de la poudre, sont plus capables d'épouvanter les chevaux.

Il est bien positif que, toutes les fois que la cavalerie, fût-elle même dans la plus belle plaine, veut attaquer un bataillon d'infanterie dont la discipline est bonne, qui est habitué au maniement de son arme, et dont le chef a du sang-froid et de l'expérience, la cavalerie ne peut le rompre qu'autant qu'elle est en nombre beaucoup supérieur, et l'on a toujours remarqué que ce n'était jamais la première attaque qui réussissait, rarement la seconde, et que par conséquent plusieurs détachemens de cavalerie étaient détruits avant qu'un carré fût enfoncé.

Lorsque vous faites la guerre, si vous vous trouvez dans un pays conquis, et que vous augmentiez les impositions, les habitans feront tous leurs efforts pour retourner sous la domination de leur ancien maître, parce que le prince qui demande le moins est toujours le plus chéri. Cette réflexion, toute militaire qu'elle soit, pourrait bien se rapporter à notre situation politique, car il n'est pas douteux que le peuple français, qui criait autrefois contre le budget exorbitant d'un millard, soit mécontent lorsqu'il croit avoir changé son gouvernement afin de voir disparaître les abus qui existaient, se trouve surchargé d'impôts encore plus énormes, et qu'il n'est pas plus heureux. Quel avantage a-t-il retiré, en effet, de sa révolution? a-t-il réussi à faire tomber ces priviléges, ces abus ? Oui jusqu'à un certain point, non en réalité. L'on peut dire que oui, parce que ce ne sont plus les mêmes individus qui possèdent les ministères et les sinécures contre lesquelles on se récriait. Non, parce que si les mêmes hommes n'ont pas les mêmes emplois, ils sont tombés au pouvoir d'un tas d'intrigans qui s'étaient fait de grandes réputations de désintéressement, et qui, parvenus à leur but, profitent de leur position pour faire ce qu'on appelle de bonnes affaires. Celui-ci a relevé sa maison, dont les affaires étaient embarrassées; celui-là était ruiné, on ne sait ce qu'il a fait, mais il est au moins aussi riche qu'aux temps de sa plus grande prospérité. Tant d'autres reconnus jusqu'à cette révolution pour n'avoir aucune fortune, et qui, quoique patriotes ou semi-patriotes (puisque le gouvernement ne protège plus que cette dernière classe), s'ils se retiraient pour jouir d'une vie paisible, rentrés chez eux, pourraient vivre presque dans l'opulence sans avoir désormais besoin d'offrir leurs services à la police, comme ils le faisaient il y a quelques années.

N'en voit-on pas aussi beaucoup dont le désintéressement était si pur qu'ils abordaient toujours la tribune ou n'écrivaient pas un mot sans dire que *jamais*, sous aucun gouvernement, ils n'accepteraient d'emplois ? Ces derniers n'ont-ils pas profité de la révolution pour prendre les places les plus lucratives et en faire distribuer à tous leurs parens? N'en existe-t-il pas encore beaucoup que l'on pourrait citer qui, après avoir profité de leur crédit pour eux, leurs enfans, leurs neveux, et leurs cousins, ont employé toutes sortes d'intrigues pour faire obtenir des places à des créanciers importuns, afin de faire ainsi payer leurs dettes par la nation... *Pauvres contribuables*, *payez*...

Que le gouvernement né des barricades sache que sa conduite lui fait tous les jours quelques nouveaux ennemis, et que s'il ne fait pas la guerre avec les puissances étrangères, la France lui en a déclaré une à outrance, et que c'est la lutte la plus dangereuse qu'il puisse avoir à soutenir. Qu'il jette les yeux sur l'histoire, il y verra combien de villes subjuguées secouèrent bientôt le joug de la nouvelle domination, parce que les troupes victorieuses vivaient aux dépens du pays. Jamais, en aucun temps, la France n'avait eu un budget de quinze cents millions, et de nos jours il est insuffisant ! ! !

Pour faire payer cet impôt excessif, lorsque de tous côtés il n'y a que banqueroutes, il en faut venir à des exécutions et à l'indigne cruauté d'ôter au pauvre jusqu'aux vêtemens de sa misérable famille, dont les cris pitoyables s'élèvent jusqu'au ciel; et Dieu les écoute. On lit dans le Deutéronome : « Les Égyptiens nous ont affligés et nous » ont persécutés, en nous imposant des charges » fort pesantes; nous avons élevé nos cris vers le » Seigneur, le Dieu de nos pères, qui nous a écou» tés, et a regardé favorablement notre affliction, » nos travaux, notre misère. » Les exorbitantes contributions épuisent entièrement le pays, et privent le prince d'un revenu annuel, qu'il tirerait par des impositions raisonnables. Car un misérable paysan, à qui l'impitoyable receveur prend les bœufs et les instrumens aratoires, le grain destiné pour la semence, ne fait plus de récolte; et, ne se souciant plus de travailler, il vit d'aumônes ou abandonne son pays; et pour se venger de la cupidité de ceux qui le gouvernent, il sert un prince qui est leur ennemi.

Ainsi, pour une année où l'imposition est plus forte, elle diminue dans toutes les suivantes, et l'on augmente le nombre des ennemis. « Celui, dit » Salomon, qui presse fort la mamelle pour le lait, » en fait sortir un suc épais; celui qui se mou» che trop fort, tire du sang. » Il ne faut donc pas oublier cette ancienne maxime de politique, que « pour continuer à avoir de la laine, il faut ton» dre la brebis, mais il ne faut pas l'écorcher. » D'après ce que je viens de dire, je crois qu'au lieu d'augmenter les impositions dans le pays conquis, il est à propos d'en retrancher quelques unes, surtout lorsqu'il était déjà auparavant surchargé d'impôts. Par là on calme souvent dans les nouveaux sujets un désir de révolte, que leur affection particulière pour leurs premiers maîtres peut leur inspirer. Tout au moins accordez-leur pour un temps quelque grâce qui puisse servir à gagner peu à peu leur amour.

C'est une chose bien connue, qu'il ne faut pas réduire à la misère et au désespoir celui dont on peut encore obtenir quelques services, et qu'il est dangereux de prendre le bien d'autrui, parce qu'alors on risque de perdre le sien.

Amittit merito proprium qui alienum appetit.

PHÈDRE, l. VIII, f. 7.

Il n'y a aucun doute que les emplois et l'argent des contribuables ne soient au pillage. Au reste, entre affecter un grand désintéressement extérieur, et piller ouvertement, il y a un milieu, ce sont les présens ; c'est sous ce masque que l'on déguise le larcin et que l'on défigure la justice. Vous ne devriez donc pas permettre que les premiers fonctionnaires, que vous laissez les maîtres d'agir en beaucoup de choses sans vous consulter, reçussent des présens, connus sous le nom de *pot-de-vin.* On lit dans l'Écriture-Sainte : « Vous ne » recevrez pas de présens, parce qu'ils aveuglent » les sages mêmes, et qu'ils corrompent les juge-» mens des justes... Ils se sont laissé corrompre » par l'avarice, ils ont reçu des présens, et ils ont » rendu des jugemens injustes. »

Je ne veux accuser personne ici. L'on verra que dans tout le cours de cette brochure je n'ai nommé aucun individu, quelque élevé en dignité qu'il soit, ou quelque basses que soient les fonctions qu'il remplit : si quelqu'un s'y reconnaît, je serai enchanté ; ce sera preuve que j'aurai donné à mon tableau de bonnes couleurs. Si l'autorité voulait blâmer ce que je viens de dire, je crois que ma justification serait facile, et que la masse des Français, à quelque opinion qu'ils appartinssent, seraient de mon avis. Quelques uns, mais le nombre en est très petit, il se compose de gens salariés et de quelques coureurs de places, les uns et les autres vulgairement appelés hommes du *juste milieu*, pourront être d'un avis contraire. Quant à l'opinion de ces individus-là, elle m'est fort indifférente: ce sont gens sans aucune couleur, n'ayant d'autre pensée que celle d'encenser le pouvoir, peu leur importe dans quelles mains il se trouve.

Mais je m'aperçois que je me suis écarté de mon sujet, pour discuter un point qui se rattache également à la guerre et à la politique, et que je l'ai attribué plus à cette dernière qu'à l'autre; j'en demande pardon à mes lecteurs, et vais reprendre ma discussion militaire. C'est ce qui concerne les officiers-généraux qu'il est nécessaire de traiter; cette partie se divise en deux :

1° Ce qu'est un général, les connaissances qu'il doit avoir, et ses rapports autant envers ses inférieurs qu'envers le gouvernement;

2° La confiance qu'il est indispensable qu'un général inspire à la nation qui lui confie des troupes, et surtout aux troupes dont il a le commandement.

J'ai dit plus haut que l'espérance de voir les actions récompensées selon leur mérite produisait de très grands effets sur l'esprit des militaires; il faut essayer de montrer que l'exemple des généraux en produit encore de plus grands, de plus heureux, de plus durables. Il est prouvé que les hommes sont mus par les exemples de ceux qui les gouvernent; qu'ils sont bons ou méchans, durs ou humains, vigilans ou inactifs, patiens ou indociles, d'après le caractère de leurs chefs. Mais les militaires ne sont-ils pas encore plus soumis que le reste des hommes au pouvoir de l'exemple? et les généraux ne doivent-ils pas être ce qu'ils veulent que soit leur armée? On sait que beaucoup de grands capitaines n'eurent besoin d'employer que leur exemple pour faire supporter à leurs armées le manque des choses les plus indispensables. Alexandre refusa de boire l'eau qu'on lui présentait pour étancher sa soif; la jetant par terre, il dit: « J'en boirai plus loin, » il y en aura pour tout le monde! » L'armée, qui en ce moment commençait à murmurer, entendant ce propos de son général, reprit courage, serra ses rangs, et remporta la victoire.

Pour se convaincre que l'exemple des chefs produit les actions les plus héroïques, qu'il est le plus fort encouragement de la vertu, le premier, le plus grand frein des vices, on n'a qu'à parcourir les fastes de la France, et on reconnaîtra aux mœurs des armées celles de leurs chefs. Au passage de l'Apennin par Charles VIII, La Trémouille, chargé de faire passer l'artillerie, porte lui-même deux boulets de canon; les soldats, voyant leur chef partager leurs fatigues, redoublent d'efforts, et l'Europe apprend avec étonnement que les Français ont vaincu l'obstacle qu'elle regardait comme invincible. Bayard à Mézières, Guize à Metz, Turenne partout, sont de nouvelles preuves de ce que j'ai avancé. Il est inutile que je rapporte ici les traits du héros qui fut l'admiration de l'Europe pendant vingt-cinq ans; ses compagnons d'armes, ses contemporains vivent encore; et ce que j'en pourrais dire serait au-dessous de l'éloge qu'il mérite.

Les militaires, en général, conviennent que l'art de la guerre a ses règles et ses principes comme tous les autres. Quoique l'histoire des nations démontre à chaque page que la victoire se laisse plutôt enchaîner par un général habile que par le nombre des soldats, le peuple et même des personnes d'un rang plus élevé, croient encore qu'on peut commander les armées avec gloire sans s'être livré à de longues études, et que, pour obtenir des succès, il suffit d'être général d'une armée et avoir du courage. De tous les préjugés celui-là est le plus funeste, et seul il pourrait, par les désastres qu'il entraîne après lui, précipiter la chute d'un État. Si ce préjugé était aussi fort parmi nous qu'il le fut jadis ; s'il était aussi profondément enraciné qu'il est dangereux, je n'oserais en dire un seul mot; mais comme l'expérience l'a ébranlé, comme les lumières de notre siècle ont commencé sa chute, j'espère que de légers efforts la termineront.

Il est des exceptions, mais elles sont rares, où l'étude est pour ainsi dire inutile à un général, et c'est précisement celui qui produit les grands capitaines ; c'est lorsque le génie d'un homme le pousse vers les grandes choses. Condé fut un grand capitaine, à vingt-deux ans il commenca sa carrière militaire. Dans les guerres de la république, Hoche, Moreau, Buonaparte, furent de bonne heure sur le champ de bataille; leurs coups d'essais furent des coups de maîtres. Voilà donc des exceptions qu'il faut admettre, mais qui ne font pas règle générale.

Nous sommes probablement destinés à voir de nouveaux génies militaires s'élever au milieu de nos armées ; et l'organisation récente de l'armée du nord doit faire croire que le gouvernement en a l'espoir. En effet, y a-t-il une parfaite analogie de conduite, entre celle qui a fait élever un jeune prince dans une école publique, afin que, citoyen comme les autres, il comprît les intérêts généraux, les droits de tous, et conséquemment que la supériorité de talent doit seule donner le droit de commandement; y a-t-il, dis-je, analogie de conduite entre donner cette éducation à un prince, et le mettre à la tête d'une brigade de cavalerie légère à vingt ans, étant sans autre expérience que celle acquise dans ses salons, et n'ayant que le grade de colonel? Abordons franchement la question; c'est impolitique, il fallait lui faire faire autrement ses premières armes, c'était le moyen de se rendre populaire, c'est peut-être ainsi que l'on aurait voulu agir avant la révolution de 1830. Je dois naturellement tirer la conséquence d'un tel fait, qu'on a reconnu dans ce jeune prince des qualités supérieures, du génie... Que cela soit, ce sera heureux, car un homme de génie peut seul nous tirer de la crise dans laquelle nous sommes plongés.

Pour rendre les connaissances moins nécessaires, on a prétendu que l'expérience pouvait suppléer à l'étude. Ce langage était bien naturel dans les derniers siècles; pendant ces temps, le feu de la guerre était sans cesse allumé dans quelque partie de l'Europe, souvent même il l'embrasait tout entière. Les guerriers volaient, dès l'âge le plus tendre, vers les lieux où il éclatait avec le plus de force. On ne parvenait au commandement des armées qu'après avoir assisté à une multitude de combats; les deux partis étaient ensevelis dans une ignorance égale. Quand la paix existait pendant quelques années, l'esprit guerrier se montrait encore; on se livrait à des jeux, à des plaisirs qui offraient l'image des combats. Les militaires pouvaient donc sans danger confier leur instruction à l'expérience; mais aujourd'hui tout a changé de face, l'Europe a fait de grands pas dans la science militaire. Nos jeux et nos plaisirs ne respirent que luxe et volupté; on parvient souvent aux grades les plus élevés sans avoir ni vu ni combattu l'ennemi, ou n'avoir été en sa présence que dans les grades les plus inférieurs; il est donc indispensable, pour apprendre l'art militaire, de se livrer à l'étude. Combien le nombre de ressources qu'elle nous fournit n'est-il pas supérieur aux faibles secours qu'on trouve dans l'expérience! L'intervalle qui sépare le commencement et la fin de la carrière militaire est si court, que ces deux extrémités paraissent se toucher.

Quelque temps d'ailleurs qu'un général reste à la tête d'une armée, comme il n'a jamais à conduire deux grandes affaires qui se ressemblent parfaitement, il est presque toujours à son coup d'essai; et dans les camps, jamais un coup d'essai ne fut un coup de maître. Les leçons que donne l'expérience sont souvent fatales à celui qui les reçoit, souvent même à une nation entière; de plus, se trouvera-t-il à la guerre deux occasions de faire la même faute, et n'est-il pas plus sage et plus utile de s'instruire par celles des autres que par celles qu'on fait soi-même? Il est très difficile que l'art de la guerre, exercé sans théorie, produise des effets heureux, et une longue expérience, qui n'est pas appuyée sur des connaissances acquises par l'étude, n'est le plus souvent qu'une longue habitude d'erreurs.

L'étude, par un chemin facile et abrégé, nous mène à des lumières plus étendues, plus parfaites; l'on est rarement porté à tout voir, et la lecture peut tout enseigner. C'est aux principes écrits qu'on doit avoir recours; sans leur aide on manque souvent le but auquel on se propose d'atteindre, ou au moins on y arrive trop tard. Ce qu'on apprend par l'étude, ne suffit pas, il est vrai, pour former un grand général; il faut que l'expérience perfectionne l'homme de guerre, qu'elle lui apprenne à faire usage des principes que la théorie lui a fournis; en un mot, le général doit joindre les connaissances militaires au génie de la guerre, et les leçons des siècles passés à sa propre expérience; mais il doit toujours commencer par acquérir les connaissances qui lui sont propres.

Pour prouver par des faits que les connaissances militaires des généraux ont influé de la manière la plus forte sur les succès des armées, il est superflu de remonter jusqu'à ces anciens peuples, dont la conduite militaire ne se montre à nous qu'à travers d'épais nuages. Dans ces temps reculés, on commençait une campagne sans plan, sans projet, sans savoir où l'on porterait ses armes; on ignorait les moyens de diviser une armée en différens corps, et la manière de les faire combattre avec avantage; ainsi l'art de la guerre était trop peu connu pour que les succès ne parussent pas un effet du hasard. Mais si l'on veut parcourir l'histoire de tous les siècles et de toutes les nations, on apprendra que toujours celle qui avait le plus d'instruction et de civilisation triomphait des autres.

Je pourrais citer un grand nombre de faits pour prouver qu'à la guerre la palme n'est pas l'apanage du plus fort, mais du plus savant. On me répondra : ne comptez-vous pour rien la valeur du soldat, la force de sa constitution, et l'exactitude de sa discipline? J'estime infiniment la valeur, la bonne constitution et la discipline militaire; mais ces effets importans, et tous ceux qui contribuent aux victoires, s'agrandissent dans les mains d'un général habile; il sait à propos animer, exciter la valeur, la retenir et la faire renaître; il ne fait rien par hasard; il calcule et combine tous ses mouvemens, toutes ses opérations.

Est-ce par l'effet du hasard que Turenne sauva la cour à Gien, et la France à la journée des Dunes? Est-ce par un effet du hasard que les armées françaises furent obligées de se retirer devant les ennemis après la malheureuse journée de Salsbach? Est-ce par l'effet du hasard qu'en Italie Catinat se maintint contre le prince Eugène; que Villeroi fut battu partout et finit par être fait prisonnier, et qu'à l'arrivée de Vendôme les affaires des Français se rétablirent? Philippe V chancelle sur son trône; Vendôme arrive, triomphe à Almanza, et Louis XIV, ce roi qui ne savait pas flatter et qui était jaloux de ses généraux, dit: « Voilà ce que » c'est qu'un homme de plus. »

L'Empereur Charles VI attribua-t-il au hasard les malheurs que l'Empire essuya après la mort d'Eugène? L'Europe entière ne convint-elle pas que la bataille de Fleurus fut due uniquement à la supériorité du génie du général français; que Luxembourg n'eût pas toujours été heureux s'il n'eût été qu'heureux, et que la mort de ce général fut le terme des succès de Louis-le-Grand. Napoléon ne dut-il pas tous ses succès à son génie et à ses connaissances profondes de l'art de la guerre?

Dans toutes les guerres que la France eut à soutenir pendant vingt-cinq ans, n'a-t-on pas vu tous les lieutenans de ce grand capitaine se faire battre isolément, parce qu'ils n'avaient ni la science ni le génie nécessaire pour soutenir une lutte souvent inégale par le nombre, souvent pénible par le terrain qu'ils occupaient? Quelques uns d'entre eux cependant ont percé; aussi furent-ils presque toujours heureux, et faisaient-ils marcher la victoire à leur suite! Ceux-là étaient parvenus aux premières dignités par leur bravoure, leur courage et l'affection de leur chef; mais ceux-ci devaient plutôt leur élévation à leurs talens qu'à l'amitié.

De nos jours il n'est plus, comme autrefois, en usage de ne parler que des qualités d'un général; on ne s'occupe plus que de ses talens, ce qui peut avoir son mauvais côté, aussi bien que l'autre excès. Il ne faut pas imaginer, en effet, que les talens et les connaissances puissent, surtout dans le général en chef, suppléer aux qualités morales et physiques. Ce n'est qu'en réunissant beaucoup de bonnes qualités avec un grand nombre de connaissances étendues, qu'il peut espérer de fixer la victoire. On n'a peut-être pas fait sentir assez vivement aux généraux que leur conduite publique, leur vie privée, leurs actions et leurs paroles influaient de la manière la plus forte sur leurs succès et sur leur gloire. On ne leur a pas dit assez souvent que, ne pouvant échapper à la renommée, et devant servir de modèle à un nombre immense de militaires soumis à leurs ordres, ils ne peuvent impunément avoir des vices, des défauts, ni peut-être des imperfections. On leur a trop répété au contraire qu'on leur tenait compte des petites vertus, et qu'ils n'ont qu'à vaincre pour transmettre glorieusement leur nom à la postérité.

Généraux, plus le rang que vous occupez est élevé, plus l'armée que vous commandez est nombreuse, plus votre naissance est illustre, plus on vous juge sévèrement. Aucun de vos défauts ne nous échappe; vous avez beau vous environner de votre grandeur, on sait vous en dépouiller pour percer jusqu'à l'homme. On peut, il est vrai, être retenu par votre puissance, par la faveur dont vous jouissez; on peut, lorsque vous exercez une grande autorité, ne vous rien contester; on peut même applaudir à vos vices et à vos travers; mais l'histoire qui ne redoute ni votre puissance ni vos armes, ou laissera votre nom dans l'oubli, ou le couvrira d'un opprobre éternel. Comme elle est juste, elle consignera votre gloire dans ses fastes; mais par la peinture de vos vices, elle répandra sur vos triomphes des nuages qui en terniront et peut-être même en feront disparaître l'éclat.

Vos vices vous feront perdre la confiance de vos maîtres, l'estime de la nation et l'amour de vos soldats. Vos défauts fourniront des prétextes et des armes à vos envieux; les ennemis de l'état que vos vertus auraient amenés à vos pieds, feront les plus grands efforts pour ne pas se laisser enchaîner par un homme plus dangereux par les passions après la victoire, que par les armes sur le champ de bataille.

C'est ainsi que la cruauté de Clisson et du célèbre duc d'Albe, l'avarice de Crassus, la hauteur de tant d'autres, multipliaient sous leurs pas le nombre de leurs ennemis; tandis que les vertus de Scipion l'Africain contribuèrent à ses victoires autant que son courage; et qu'au nom du bon connétable et du vertueux Turenne, les cités s'empressaient à baisser leurs barrières, pour recevoir un vainqueur humain et généreux. Et d'ailleurs, quelle impression vos vices ne feront-ils pas sur vos armées? Ne sera-t-on pas tenté de les imiter, tant est grand le pouvoir de l'exemple du chef?

Avertis par l'honneur, excités par la gloire, vous pourrez retenir, réprimer vos passions, dompter, corriger vos vices, vous pourrez même revenir à la vertu; mais le soldat, moins touché par ces grands objets, ne pourra plus rentrer dans la voie de l'honneur, et même ne voudra pas le tenter. Ce n'est donc qu'en soumettant vos passions et vos goûts; ce n'est qu'en exerçant les vertus de l'homme, du citoyen, du militaire et du général; ce n'est qu'en vous conformant aux lois qui découlent de vos rapports avec toutes les classes de la société, qu'en accomplissant, en un mot, vos devoirs dans toute leur étendue, et sous tous leurs aspects, que vous obtiendrez sûrement des louanges, l'amour et l'hommage de la patrie, la reconnaissance de votre souverain, une place honorable dans l'histoire, les éloges de la postérité et le surnom glorieux de héros.

Il n'est pas indispensable que les biens d'un général répondent de sa fidélité, jamais le désir de conserver sa fortune ne fera la plus petite impression sur son cœur, et ne l'empêchera de voler à une mort certaine quand le salut de l'état l'exigera; mais sera-t-il aussi fidèle à la patrie quand une femme adorée et des enfans chéris le caresseront, et le conjureront de leur conserver leur père et leur époux ? Les avis sont très partagés sur ce point; quant à moi, je pense que tout ce qui attache l'homme à sa patrie doit augmenter son amour pour elle, et par conséquent fortifie en lui les vertus utiles à la société. Le général que des enfans et une femme uniront par les liens les plus doux à tous les êtres intéressans et faibles qu'il doit protéger et défendre, fera plus pour la patrie que le général célibataire. Napoléon avait parfaitement bien compris cela, lorsqu'il exigeait de tous ses maréchaux qu'ils fussent mariés, et qu'au besoin il intimait soit à eux, soit aux généraux qu'il affectionnait le plus, l'ordre de se marier dans tel délai, et que même il accordait dans ce cas là de très riches dots.

Le désir de reparaître couvert de lauriers aux yeux de sa compagne, le besoin de donner de grands exemples à ses enfans; l'envie de leur transmettre un nom illustre par de hauts faits; l'ambition de leur donner un rang distingué dans la société; tous ces motifs imposeront silence au sentiment si naturel de se conserver pour les êtres qu'on aime. Certain d'ailleurs que ses concitoyens seront reconnaissans des soins qu'il se donne, assuré que s'il reçoit une blessure mortelle au milieu des combats, le souverain et la nation s'empresseront de donner des consolations à sa famille désolée et de la combler de grâces et de bienfaits, le général verra avec un œil calme et ferme le délabrement de sa fortune, et il envisagera la mort avec une mâle assurance.

La France, l'Europe entière sait que, pour le

Français, homme de cœur, homme d'honneur, tout cède à la voix de la patrie et à la passion de la gloire.

Vincit amor patriæ, laudumque immensa cupido.
VIRG.

En faisant voir qu'il est de l'intérêt de l'état de choisir de préférence des généraux parmi les hommes qui tiennent à la patrie par les liens d'époux et de père, il faut avoir soin que toutes les autres qualités soient égales. Si un général, quoique célibataire, pouvait laisser après lui, comme Epaminondas, deux filles aussi célèbres que Leuctres et Mantinée, celui-là mériterait qu'on se hâtât de remettre entre ses mains le commandement des armées.

Il en est des peuples comme des individus, chacun d'eux a son caractère, ses goûts, ses mœurs, ses passions, ses usages, son génie et son courage. Il n'entre pas dans mon sujet d'examiner si ce qui distingue les peuples, est produit par le climat ou par le gouvernement; de montrer les différences qui existent entre les nations qui paraissent se ressembler le plus, ni de faire connaître au général l'usage des connaissances qu'il aura acquises sur ces objets; le but que je me propose est de faire sentir au chef d'une armée, qu'il est de son devoir de connaître à fond la nation qu'il commande. Il doit avoir appris si elle est hardie, active, impétueuse ou lente, timide et phlegmatique; si elle est constante ou légère, instruite ou ignorante; bien ou mal exercée; docile ou indocile. Qu'il apprenne si le peuple qui lui a confié le commandement d'une armée, est plus propre à la guerre offensive qu'à la défensive; s'il aime les batailles générales ou les escarmouches; s'il se bat mieux derrière des retranchemens qu'en rase campagne, avec les armes à feu qu'à l'arme blanche. Il doit savoir encore si ce peuple supporte bien la faim et la soif, le chaud, le froid, en un mot les fatigues de tous genres. Que le général sache aussi si ce peuple sert par honneur, par vanité, ou s'il est animé de l'amour de la patrie et de son roi; qu'il sache enfin si les marques de bonté, les louanges, font plus d'effet sur lui que la crainte; en un mot s'il est plus sensible aux châtimens qu'aux récompenses.

Pour prouver aux officiers-généraux combien la connaissance de la nation qu'ils commandent, peut leur être avantageuse, je vais rapporter un exemple que nous fournit l'histoire de Russie; il fera seul plus que tous les préceptes.

« Malgré les revers que Charles XII avait éprouvés » depuis l'hiver de 1709, il n'avait perdu ni le des- » sein ni l'espoir d'aller jusqu'à Moscou; mais il » fallait qu'il se rendît maître de Pultawa, ville où » le czar avait établi ses magasins. En prenant cette » place, le roi de Suède s'ouvrait une seconde fois » le chemin de la capitale de la Russie, et procurait » à son armée toutes les ressources dont elle man- » quait depuis long-temps. Vers la fin de mai, il in- » vestit la place, et en pressa le siége avec cette ar- » deur qui lui était naturelle. Le czar qui sentit de » quelle importance était pour lui la conservation de » Pultawa, assembla un conseil de guerre pour sa- » voir quels étaient les meilleurs moyens d'obliger

» Charles XII à lever le siége. Quelques uns des gé» néraux russes voulurent qu'on investît le roi de » Suède, et qu'on fît autour de son armée un grand » retranchement pour l'obliger à se rendre. D'au» tres croyaient qu'on devait brûler, dévaster le » pays à cent lieues à la ronde, pour ôter aux Sué» dois tout moyen de subsistance. Ceux-ci enfin » étaient d'avis de hasarder encore une fois le sort » des combats, parce que sans cet expédient l'A» lexandre du nord devait infailliblement s'emparer » de Pultawa. On s'arrêta à cette dernière opinion; » alors le czar prit la parole: Puisque nous sommes » déterminés à combattre le roi de Suède, exami» nons quels moyens nous devons employer pour » le vaincre. Les Suédois sont impétueux, bien » exercés et disciplinés; les Russes les égalent en » courage, mais ils leur sont inférieurs en adresse » dans le combat, et surtout en discipline; il faut » s'appliquer à rendre les avantages des Suédois » inutiles. En rase campagne, nos troupes ont tou» jours été défaites, par l'art et la facilité avec les» quels nos ennemis manœuvrent; il faut donc » rompre cette manœuvre. Pour cela, je suis d'avis » de m'approcher du roi de Suède, de faire élever » le long du front de notre infanterie, plusieurs » redoutes dont les fossés seront profonds, de les » garnir d'infanterie, de les fraiser et palissader; » cela ne demande que quelques heures de travail, » et nous attendrons l'ennemi derrière ces re» doutes; il faudra qu'il se rompe pour les atta» quer, et il y perdra du monde; il sera affaibli » et en désordre lorsqu'il nous joindra; car il n'est » pas douteux qu'il ne lève le siége, et qu'il ne

» vienne nous attaquer dès qu'il nous verra à portée. Il faut donc marcher de manière à ce que » nous arrivions vers la fin du jour en sa présence, » pour qu'il remette l'attaque au lendemain; et nous, » pendant la nuit, nous élèverons nos redoutes. » Tout le conseil applaudit à la sagesse des vues du czar; on exécuta son projet dans son entier, et, personne ne l'ignore, tout arriva comme ce grand homme l'avait prévu. Ainsi la connaissance de la nation à laquelle il commandait, couvrit de gloire Pierre-le-Grand, et arracha la Russie aux fers que Charles XII lui préparait.

Les grands ont souvent imaginé que leur position les exemptait des devoirs auxquels sont assujetties les personnes qui leur sont inférieures; c'est une erreur. En effet, la conduite des hommes élevés en dignité est imitée par un grand nombre de citoyens; elle influe directement sur le salut de l'état. Il importe donc à la patrie que les grands pratiquent les vertus d'où dépendent principalement son salut et sa gloire. Comme on ne peut se dispenser de mettre l'obéissance au nombre de ses vertus essentielles, celle que le général doit à la puissance qui lui a confié le commandement de ses forces doit donc être sans bornes.

Agésilas, roi de Sparte, un des premiers généraux du monde, a conduit en Asie une armée formidable pour combattre le grand roi; il se croit assuré de vaincre les Perses et de venger la Grèce; il reçoit des Ephores un ordre qui le rappelle à Lacédémone. Il fait à cet ordre la réponse suivante: « Nous avons soumis une partie de l'Asie, nous » faisons encore de grands préparatifs de guerre;

»mais puisque vous m'ordonnez de retourner, je »suis de près votre lettre.» Je conçois qu'un général, dans cette circonstance, ne remplit son devoir qu'en préférant à la gloire brillante des armes, la gloire plus solide et plus belle encore, *d'obéir aux lois.*

Turenne a été battu à Mariendal, mais il espère bientôt rentrer en Franconie, et trouver dans ce pays l'occasion de réparer l'échec qu'il vient d'essuyer; les secours qu'il a reçus, la confiance et l'ardeur de ses troupes, tout lui donne lieu de compter sur les succès les plus brillans; cependant, le duc d'Enghien arrive, Turenne a reçu l'ordre de remettre son armée à ce prince et de servir sous ses ordres, il obéit sans donner aucune marque de chagrin ou de mécontentement.

Je reconnais, et tout militaire sera de mon avis, que l'*obéissance passive* doit exister dans les armées; mais aussi un chef ne doit jamais donner aucun ordre qui soit de nature à faire manquer à l'honneur. Nous devons tout au souverain; que dis-je? de nos jours on peut être blâmé pour un tel propos, nous devons donc tout à la nation; à notre patrie, nous lui devons nos jours, nos services, notre être..., mais l'honneur est un bien que nous ne devons à personne.

L'amour-propre des généraux ne doit jamais aller jusqu'à refuser les conseils qui peuvent leur être donnés, et dont ils ont souvent occasion de tirer un très grand profit. Tout esprit juste et convaincu de cette nécessité de recourir souvent aux avis d'autrui, comme on avoue que c'est plutôt par orgueil que par sagesse qu'on néglige de prendre des conseils; comme personne n'ignore que les militaires s'intéressent plus vivement aux opérations sur lesquelles ils ont été consultés, qu'à celles qu'on ne leur a pas communiquées; et comme tout le monde convient qu'on est moins coupable quand on s'égare après avoir placé un grand nombre de fanaux sur la route qu'on doit suivre, que lorsqu'on s'y engage éclairé seulement par ses propres lumières, je regarderai comme prouvé qu'un général, quelque génie qu'il ait reçu du ciel, doit prendre l'avis des personnes capables de lui donner de bons conseils.

Que les généraux ne craignent pas de voir leur gloire ternie par leur attention à demander conseil; qui ne sait pas qu'il y a autant d'habileté à profiter d'un bon avis, qu'à se bien conseiller soi-même? Ni les contemporains ni la postérité ne s'informeront point, d'ailleurs, si les généraux ont commandé en écoutant des avis sages, ou en agissant d'après eux-mêmes; ils demanderont seulement s'ils ont vaincu l'ennemi et bien servi l'état.

Une fois établi que les généraux appelés à commander doivent avoir des conseils auprès d'eux, il faut savoir quelle importance, quelle capacité sont nécessaires pour remplir ces fonctions, et de plus à qui appartient le droit de donner ces hommes aux militaires chargés de diriger les armées. Ce point a été de tout temps, et par tous les écrivains extrêmement controversé. Quant à ce qui concerne le rang et le mérite, nul doute, et personne ne le contestera, qu'il faut des hommes assez élevés en grade pour que leur opinion ait de l'influence sur celle du chef; et surtout il est indispensable que leur science, leur expérience et leur sang-froid, dans les affaires soient de nature à mériter l'assentiment général. Il n'est pas nécessaire de s'étendre longuement sur ce sujet, ce serait perdre son temps à radoter.

Mais pour ce qui concerne le droit de donner ces conseils, on ne peut décider aussi péremptoirement. Si les généraux en chef étaient choisis parmi des êtres aussi supérieurs aux hommes par leurs vertus et leurs connaissances que par leur autorité et leur puissance, ils pourraient sans inconvénient consulter qui ils jugeraient à propos. Le cas est rarement tel, ils sont par conséquent soumis comme les autres hommes à leurs passions; les hommes qui les approchent leur communiquent des faiblesses et souvent des vices; il est donc utile de les obliger à prendre des avis, non de quelques individus, mais d'un *conseil réglé*. Tel homme qui, dans l'intérieur du cabinet, aurait puisé son avis dans les yeux de son chef, remontera dans un conseil jusqu'à la source de la vérité. Celui qui n'aurait écouté dans un tête-à-tête que la voix de son intérêt particulier, n'entendra en public que celle de l'intérêt général. Celui qui n'aurait songé là qu'à conserver sa faveur, voudra ici conserver sa gloire. Il est donc important qu'un général ait un conseil privé.

Beaucoup de personnes croient que le gouvernement doit nommer ce conseil, et cette opinion est bien naturelle, avec le despotisme bureaucratique, qui ne veut jamais laisser échapper une occasion de nommer à un emploi quelconque. Mon opinion est toute contraire. Je dis en effet, qu'un prince qui aurait nommé tous les membres du conseil dont un général devrait prendre les avis, ne pourrait pas lui dire comme Auguste à Varrus: « *Rends-moi mes légions.* — Ce n'est pas à moi que vous » devez imputer les défaites que vos troupes ont es» suyées, lui répondrait le général; ce n'est pas à moi » que vous devez demander compte des occasions » favorables que nous avons perdues et des fautes » que nous avons faites. Vous m'avez confié en ap» parence le bâton du commandement, mais il était » porté réellement par des ignorans, des envieux » ou des traîtres dont vous m'aviez environné. » Fussé-je coupable de tous les évènemens malheu» reux, à l'abri de l'égide que vous m'aviez donnée » vous-même, je devrais échapper à votre colère. » Il n'en aurait pas été de même si j'avais nommé » les membres de mon conseil; comme ils auraient » été de mon choix, j'aurais dû répondre d'eux » comme de moi-même. »

En laissant au général le choix de son conseil, il ne faut pas craindre qu'il le prenne parmi des gens incapables, si lui-même est sans expérience et ne doit son commandement qu'à la faveur. Le bruit public désignera toujours si haut quelques sujets dignes d'entrer dans ses conseils, qu'il n'osera se dispenser de les y admettre; son intérêt d'ailleurs l'oblige à faire de bons choix, car de ce choix doit dépendre tout le succès de la campagne, par conséquent sa réputation.

Dans la vie privée nous nous laissons souvent entraîner par des flatteurs, des ignorans ou des âmes basses; mais quand les yeux du public sont fixés sur nous, tout change; si nous ne rendons pas alors au vrai mérite la justice qui lui est due, au moins n'osons-nous pas le laisser dans l'oubli. De même, si un général aime assez son pays pour mériter d'être mis à la tête de ses armées, on juge qu'il a assez de talens et de qualités pour les bien conduire ; comment peut-on imaginer qu'il n'aura pas assez de sagesse pour bien composer son conseil ?

Je crois avoir établi, sans qu'il soit possible d'y répliquer, que si un général en chef doit avoir un conseil, ce qui me paraît indispensable, il faut qu'il soit composé d'hommes élevés en grade, ayant beaucoup de connaissances militaires et surtout une grande expérience, et que ce conseil doit être au choix du général.

Qu'un général d'armée consente à être suivi d'un conseil privé, c'est, d'après le caractère français, obtenir beaucoup, et je rangerai cette concession de sa part parmi les vertus, car je lui trouverai presque de la modestie à consentir à se laisser environner ainsi. Mais la modestie n'est-elle pas une des premières vertus nécessaires au général ? La plupart des grands capitaines qui ont illustré nos armées n'avaient pas la fierté de César, qui osa dire : *Veni, vidi, vici.* Pour donner une idée juste de la modestie des héros, je ne peux mieux faire que de laisser parler Fléchier lorsqu'il fait l'éloge de Turenne. Je me bornerai à transcrire les expressions de cet homme éloquent.

« Qui fit jamais, dit cet orateur, de plus grandes » choses ? qui les dit avec plus de retenue ? Rem- » portait-il quelque avantage, à l'entendre, ce n'é- » tait pas qu'il fût habile, mais l'ennemi s'était » trompé. Rendait-il compte d'une bataille, il n'ou- » bliait rien, sinon que c'était lui qui l'avait gagnée.

» Racontait-il quelques unes de ces actions qui l'a-» vaient rendu si célèbre, on eût dit qu'il n'en avait » été que le spectateur, et l'on doutait si c'était lui » qui se trompait ou la renommée. Revenait-il de ses » glorieuses campagnes qui rendaient son nom im-» mortel, il fuyait les acclamations populaires, il » rougissait de ses victoires; il venait recevoir des » éloges comme on vient faire des apologies, et » n'osait presque aborder le roi, parce qu'il était » obligé, par respect, de souffrir patiemment les » louanges dont Sa Majesté ne manquait pas de » l'honorer. »

Généraux, voilà un modèle à imiter; vous ne le récuserez pas celui-là. Ce n'est ni pour une république, ni pour un gouvernement constitutionnel qu'il s'est battu; il était aux ordres d'un roi conquérant, d'un Bourbon; mais qu'importe le maître qu'il servit? son nom est arrivé jusqu'à nous, et passera encore à travers plus d'un siècle pour rester immortel. Prenez exemple sur lui, il avait des talens, de l'expérience, négligea-t-il jamais un avis? Peut-on imputer un de ses échecs à des fautes de cette nature? Ne rougissez donc pas lorsque vous êtes au pouvoir, d'en prendre et de les suivre; ne soyez pas assez présomptueux pour croire, parce que vous avez l'autorité sur vos semblables, qu'ils ne peuvent vous donner un bon conseil. Cette idée vous serait funeste autant qu'à votre armée, dont elle pourrait entraîner la ruine.

Il est inutile de parler du courage, de la bravoure et de la hardiesse; tout le monde reconnaît assez que ces qualités sont l'apanage du Français, et ce serait faire injure à ses concitoyens que de s'aviser d'en dire la moindre chose. Je crois donc qu'ici doit se terminer la discussion des devoirs et des qualités indispensables pour MM. les officiers-généraux, craignant même qu'on me reproche de m'être trop étendu sur cette matière; mais qu'on remarque son opportunité et peut-être excusera-t-on cette faute à laquelle je n'ai songé qu'après l'avoir commise. Je vais actuellement, en peu de mots, chercher à tracer les moyens qu'un général inconnu d'une armée peut employer pour parvenir à captiver sa confiance.

Lorsqu'un général n'est pas bien connu dans l'armée qu'il commande, et que sa réputation n'est pas encore établie dans celle de l'ennemi, les troupes sont attentives, de part et d'autre, à observer son commandement; et comme les hommes se fatiguent d'attendre, ils décident de suite, et donnent à l'inaction le nom de lenteur, et quelquefois celui de poltronnerie. Il faut donc que ce général cherche d'abord l'occasion de donner des preuves de sa valeur, de son habileté et de son activité. Non seulement le nom qu'un général s'est fait, mais même une action de quelqu'un de ses subordonnés, peut mettre en réputation ses troupes, surtout au commencement d'une guerre contre une nation de qui elles ne sont pas connues.

Ayant établi pour principe qu'une expédition faite au commencement de la guerre, contribue à la réputation du général et à celle de son armée, il reste à examiner les exceptions et les circonstances qui doivent servir d'éclaircissement à cette règle.

Mon premier avertissement est, qu'au commencement de la guerre on ne doit faire d'autre entreprise, quand même elle ne serait pas d'une grande importance, que celle où l'on est probablement assuré de réussir, parce que les premières actions qui ont du succès donnent de la réputation au général, animent le courage de ses soldats, et empêchent, par l'impression qu'elles font d'abord, qu'on s'aperçoive de quelques petites fautes qu'on peut faire dans la suite. Au contraire, si l'évènement a été malheureux, elles intimident les troupes, font mépriser le chef, et rendent les ennemis plus orgueilleux.

Il est surtout dangereux de s'exposer à avoir du désavantage dans les premiers engagemens, lorsqu'on commande à de nouvelles troupes, parce que n'ayant pas encore éprouvé ces changemens de la fortune, elles s'imagineraient que le sort des combats leur serait toujours contraire. C'est pour cette raison que Nicias exhortait si fort les Athéniens à combattre contre les Syracusains, qui étaient moins aguerris, et par conséquent plus sujets à être intimidés par les premiers revers de la fortune.

Au surplus, quels que soient les principes sur la guerre, il faut avoir le succès : alors on est toujours approuvé. Quelque talent qu'ait un général, un revers sera préjudiciable à sa réputation ; qu'il joigne donc à la science de l'art, la ruse par laquelle il puisse tromper et surprendre son ennemi.

> **Dolus an virtus, quis in hoste requirat.**
>
> **Virg.**

Après vous être acquis de la réputation, gardez-vous, comme le dit le proverbe trivial, de vous endormir sur elle, parce qu'une fin indigne termine le plus glorieux commencement; et, pour laisser parler Platon : « Dans la carrière, ce n'est pas celui » qui part avec le plus de vitesse qui emporte le » prix, mais celui qui, constant dans sa course, » arrive le premier au terme marqué. » Il est même honteux pour un chef de faire des fautes, après avoir donné des preuves d'habileté; car il y a moins de honte à ne point monter jusqu'à un certain degré d'élévation, que d'en tomber après y être parvenu.

Il me reste à prouver, après avoir fait connaître ce que doit être un général que, s'il est impossible de faire la guerre en ce moment, à cause du peu de monde qui se trouve disponible sous les armes, de la mauvaise organisation des troupes, et surtout par l'indiscipline qui règne partout, dont chaque jour on nous révèle quelques nouveaux actes, c'est encore impossible par la raison qu'on ne trouverait aucun chef auquel on pût confier le commandement de l'armée.

Un long commentaire sur le peu de confiance que les généraux peuvent inspirer, serait du temps perdu; je vais simplement prendre le cadre de l'état-major général de l'armée, en analyser un peu les chiffres, et le public jugera. Qu'il ne croie pas cependant que, par la raison que je ne m'étendrai pas longuement, cette matière ne soit pas sérieuse, ce serait une erreur, erreur très grave; car selon moi le personnel de MM. les officiers-généraux est incompatible avec une guerre nationale, qu'on y réfléchisse bien.

Ce personnel se compose de quatre classes d'individus :

1° Ceux qui n'ont point trahi de sermens, c'est-à-dire, qui n'ont pas servi les Bourbons et par conséquent n'ont pas manqué à leur foi jurée;

2° Ceux qui, dans le même cas, ont été remis sur les cadres de l'armée, mais soit par leur âge, soit par leurs infirmités, sont incapables de tout service, et le nombre en est très considérable;

3° Ceux qui ont servi sous les Bourbons, se sont rendus *complices* de tous les actes commis sous les deux derniers règnes, puisque actuellement on ne reconnaît que comme crimes les services rendus en vertu d'ordonnances et de lois;

4° Ceux enfin qui, n'ayant aucune opinion politique, autre que celle de flatter et d'encenser le pouvoir, encombraient les antichambres et les salons des ministres, provoquaient les mesures arbitraires, vexaient les militaires qui déplaisaient au pouvoir, et se sont trouvés les premiers rangés du côté de la révolution.

Voilà quelles sont les quatre catégories dans lesquelles il faut classer le cadre de l'état-major général, depuis les maréchaux de France jusqu'aux maréchaux de camp. Il est facile au public de désigner à chacun sa position selon ses œuvres.

Parmi les maréchaux de France, pas un ne s'est tenu éloigné des Tuileries : si quelques uns l'ont été pendant un certain temps, on sait fort bien quelles démarches ils firent pour rentrer en grâce. Ce n'était pas la misère qui les portait ainsi à servir des souverains qu'ils prétendent *actuellement* n'avoir jamais aimés; ils étaient tous gorgés d'or et de richesses; mais la soif du pouvoir, des honneurs, leur fit porter la cocarde blanche, et faire dans certaines circonstances des ordres du jour, des proclamations, ou écrire des lettres qui devraient les déclarer ou en état d'aliénation mentale, ou en état de parjure. Je dis aliénation mentale, parce qu'on ne peut qualifier autrement, des actes de cette nature faits par des militaires aussi élevés en grade, lorsqu'ils savaient qu'ils étaient prêts à violer leur parole. D'autres diront parjures, mais que leur importe cette épithète, puisqu'il est reconnu de nos jours que parjure, fidélité, infidélité, mauvaise foi, sont des synonymes?

Quant aux trois nouveaux maréchaux de France, j'ignore quels furent leurs rapports avec l'ancien gouvernement; mais je vois leurs noms figurer sur les listes des officiers-généraux disponibles sous Charles X. Comment est-il possible que de tels hommes, riches, patriotes par excellence, aient consenti à se laisser mettre sur ces listes, lorsqu'ils étaient disposés à trahir le souverain qui les y conservait? Leur fortune les mettait en position de ne pas paraître dévoués à ceux qu'ils n'aimaient pas; mais la soif du pouvoir, des honneurs, la vanité, l'ambition... peut-on leur commander? Voilà cependant ceux que nous sommes condamnés à entendre désigner tous les jours comme des hommes au-dessus des autres, ce qui prouve que le peuple est bien crédule, et que cette crédulité va souvent jusqu'à l'aveuglement.

Descendons aux lieutenans-généraux. L'on voit qu'à la réorganisation du corps d'état-major, quarante-trois de ces messieurs ont été réintégrés; que signifie cette réintégration ? Parmi eux, plusieurs ont servi les Bourbons, leur ont fait de nombreuses protestations de dévouement et de fidélité. La plupart de ces généraux ne sortirent des cadres de l'état-major que par une mesure générale. Combien existe-t-il de ceux compris dans cette fameuse ordonnance, qui n'aient pas réclamé et fait leurs offres de services. Ah, pauvre peuple! vous êtes enivré du dévouement de toutes ces personnes! si l'on vous permettait de fouiller dans les cartons du ministère, si vous pouviez lire leurs lettres, que de turpitudes vous verriez ! Ce que je dis là, n'est cependant pas sans exception; il est parmi les généraux, de fort braves gens; braves, je me plais à leur reconnaître à tous cette qualité; mais il est parmi eux des hommes qui n'ont pas servi, parce que cela n'entrait pas dans leurs principes, et l'on remarquera, non sans étonnement, que ceux qui ont ces belles qualités de fidélité à leurs sermens, sont les moins riches. Un grand mal existe encore, c'est que parmi les plus honorables des généraux se trouvent les plus âgés, ceux qui, criblés d'infirmités, de blessures, et accablés du poids des ans, ne sont sur les contrôles que pour mémoire, et toucher leurs appointemens. On en pourrait citer d'aveugles, de sourds, de paralytiques, etc.

Il est inutile de descendre jusqu'aux maréchaux de camp; là moins de solidité encore dans les principes, plus d'intrigue, et quoique le nombre soit plus du double que celui des lieutenans-généraux, je doute qu'il s'en trouvât une demi-douzaine (de ceux qui étaient inscrits sur les cadres au 1er août 1830) sur lesquels la nation pût compter.

Voilà cependant comment se compose le cadre de l'état-major-général de l'armée. Qu'on voie maintenant quelle confiance l'armée et la nation peuvent avoir en ces maréchaux et ces généraux.

Certes, ceux qui n'ont jamais dévié, ceux de la première catégorie, sont sûrs, ils serviront fidèlement; mais qui serviront-ils? Leurs habitudes furent prises sous un chef despote, car notre Grand Homme n'était rien moins que populaire ou constitutionnel. Toute sa popularité, toute sa constitutionnalité étaient dans son épée. Or est-il possible que les hommes qui se sont battus pour le despotisme, auxquels le despotisme a valu des honneurs, des richesses; honneurs et richesses acquises, il est vrai, sur le champ de bataille, au prix de leur sang; est-il possible, dis-je, que ces hommes, ayant actuellement un pied dans la tombe, deviennent tout-à-coup populaires, j'en doute..... Peuple, jugez!!

Ceux-là ont donc des talens reconnus, et de plus n'ont pas servi un maître, avec l'arrière-pensée *lâche* de le trahir; s'ils vous prêtent serment, vous pourrez y compter, jusqu'à ce qu'ils trouvent à établir leur système qui n'est pas le vôtre, vous le savez! Quant à la seconde catégorie, ceux qu'on a réintégrés quoique trop vieux, trop infirmes, ils ne sont bons à rien, mais ne vous font aucun mal; ce sont même ceux qui peuvent vous être le plus utiles, parce que ne pouvant pas agir activement, ils sont obligés de passer leur temps à échanger leurs idées avec vous, que l'abaissement de leurs facultés vous donne la facilité de les convaincre de la bonté de votre cause, et que l'autorité de leur position vous fera des prosélytes. Quant à cette classe de généraux, quoique figurant pour les appointemens sur les états, je les mets de côté pour ce qui concerne l'armée active.

Nous arrivons maintenant à la troisième catégorie. C'est ici qu'il faut bien des réflexions, et qu'il est facile de prouver que presque toutes les personnes qui en font partie doivent être mises de côté, à moins d'exposer l'armée à des revers, que les trahisons entraînent toujours. Comment croire, en effet, que des généraux qui pendant seize ans, furent dans l'intimité du roi, des princes, qui ont été comblés de faveurs, ne conservent pas quelque souvenir de leurs bienfaiteurs? Certes, leur position n'est plus la même, ils n'ont pas toute votre confiance; ce n'est pas sur eux que vous ferez retomber toutes les faveurs, par conséquent vous ne pouvez pas leur demander le même dévouement, que celui qu'ils avaient pour la dynastie que pendant seize ans ils ont regardée comme légitime. S'il en était ainsi, vous auriez une bien mauvaise opinion d'eux, car vous conviendriez qu'ils sont des ingrats; et, selon les hommes, l'ingratitude est un des plus grands vices! Or, le gouvernement est dans une singulière position vis-à-vis d'eux; il a commencé par ne pas les rejeter; mais il doit comprendre que ce sont autant d'ennemis dont il s'est entouré.

Que ces généraux soient appelés à commander une troupe devant l'ennemi, quelle confiance aurez-vous en eux? Ils exécuteront nonchalamment vos ordres, réfléchiront de quel côté se trouve leur intérêt, et certainement que si l'ennemi se coalisait contre vous, que les puissances étrangères se présentassent au nombre de six ou sept cent mille hommes sur vos frontières, ayant Henri V pour point de ralliement, beaucoup de ces généraux travailleraient à faire leurs affaires avec lui, et vous tourneraient le dos aussitôt qu'ils seraient assurés de leur salut dans les rangs ennemis.

Il ne serait pas étonnant, au surplus, que plusieurs généraux ou colonels eussent la précaution de mettre dans leurs bagages leurs anciens uniformes d'écuyers ou de gentilshommes de Charles X ou des princes de sa famille.

Mais ce que je dis ici, relativement à messieurs les officiers-généraux, est presque hors de propos; car, malheureusement pour la cause de la nation, il se trouve un bien petit nombre d'individus, depuis la plus haute sommité de l'état, jusqu'aux derniers rangs des fonctionnaires, qui ne soient dans le même cas Combien de fois les journaux n'ont-ils pas déjà accusé les plus hauts personnages de chercher à traiter pour eux? A Dieu ne plaise que j'aie cette idée; mais la confiance ne se commande pas, et s'il n'en existe pas beaucoup du peuple envers le gouvernement, il en existe bien moins encore des soldats vis-à-vis de leurs chefs.

La guerre est allumée, sera-t-elle générale, ou simplement une affaire contre la Hollande? Voilà ce qui occupe tous les esprits. Dans le dernier cas, notre armée ne sera en campagne que peu d'instans, n'aura pas de grandes batailles à livrer, et nous n'aurons pas besoin de former de nombreux états-majors. Mais s'il en était autrement, que vous eussiez à soutenir une guerre contre l'Europe, où choisirez-vous des chefs sur lesquels vous puissiez compter? Vous aurez vos antichambres pleines, des protestations de dévouement à l'infini; mais des personnes sûres, fidèles... point. Ils s'approcheront tous de vous sous les dehors les plus trompeurs; les intrigues de cour, de boudoir, seront mises en mouvement, et probablement ceux que vous choisirez ne répondront pas à l'attente publique. Vous auriez tort d'espérer surmonter les obséquiosités, c'est un mal infaillible, dans lequel vous êtes déjà tombés comme vos prédécesseurs, qui perdra votre cause, et auquel vous voudrez remédier lorsqu'il ne sera plus temps.

Qu'un ministre est heureux, lorsque dans une journée il a refusé cent fois ce qu'il ne peut accorder qu'à une personne, et qu'il accorde souvent à la recommandation d'une jolie femme, au lieu de rechercher le mérite! Au reste, il est reconnu que les vices savent toujours se parer des dehors de la vertu.

> Fallit nos vitium specie virtutis et umbra.
>
> Juv., s. XIV, v. 109.

Il me paraît suffisamment établi qu'il est impossible de trouver un grand nombre d'officiers-généraux à mettre à la tête de nos armées, à moins de s'exposer à être trahi toutes les fois que l'occasion s'en présentera. Qu'on me permette, pour terminer cette matière, de citer les manifestes qui leur seront envoyés, si le cas, facile à prévoir, d'une coalition générale contre la France, se présente, ayant Henri V pour étendart : les puissances alliées ne nous regarderont que comme des rebelles, révoltés contre le roi qu'ils reconnaissent; ils écriront aux généraux qui ont long-temps servi cette dynastie :

« Vous prêtez obéissance à celui auquel vous ne » la devez pas ; le serment de fidélité par lequel vous » êtes engagés à votre chef, ne doit être d'aucune » considération pour vous ; en le rompant, vous » pourrez accomplir le premier que vous aviez fait à » votre chef légitime. » Combien de ces messieurs seront sensibles à ces paroles, lorsque surtout elles seront accompagnées des promesses avantageuses que l'on fait toujours en pareil cas ! car il y a un dicton connu de tout le monde, que quelquefois il ne faut que peu d'argent pour acheter beaucoup de fer et d'acier. Je crois cependant qu'il en faudra beaucoup ; mais si c'est nécesssaire, l'on sait que l'Angleterre ne manque jamais d'en procurer quand elle y trouve son intérêt, et si maintenant elle est notre alliée, peut-être sous peu sera-t-elle notre plus cruelle ennemie.

Si vous ne voulez pas, ce qui ne serait pas prudent, employer tous ces généraux, que la dynastie déchue gagnera facilement, vous serez obligé d'en créer de nouveaux, sur la fidélité desquels vous pourrez compter ; mais quelle sera leur expérience ? S'ils échouent dans quelques entreprises, l'on criera de toutes parts à *l'ignorance*, à *l'incapacité*. Si d'un autre côté les anciens essuient quelques échecs, on les accusera de *trahison*. De l'un et de l'autre côté l'on aura raison.

Voilà cependant où le gouvernement, avec son

système du juste milieu, a réduit la France; il existe une armée, on n'en pourra rien faire. Quels reproches n'avez-vous pas à vous faire? quels comptes ne devez-vous pas rendre à la nation? Mais non, vous n'y faites pas attention, peu vous importe son approbation. Il viendra cependant, ce jour, où, fatigué d'être ainsi votre jouet, l'on vous obligera à descendre dans le forum; là, l'investigation sera sévère, il faudra répondre! que direz-vous? vous vous retrancherez toujours derrière cette phrase, *Nous n'avons pu faire mieux.* Ah! tout le monde vous a jugé sur un point: la nation entière a prononcé le mot: *retirez-vous, vous êtes incapables, on vous déteste.* Sur le second point, la dilapidation des finances; la tribune nationale nous dévoilera certainement bien des faits très graves, et vous serez d'honnêtes gens ou des fripons; pour moi je le déclare, je suis tout disposé à croire au bien plutôt qu'au mal. Quant à un autre grief, qui me paraîtrait assez prouvé, si vous ne consentez pas à passer pour des êtres plus qu'incapables, c'est celui de trahison; êtes-vous bien sûrs de vous? croyez-vous qu'on ne vous en accusera pas? Je le souhaite de tout mon cœur pour votre tranquillité, mais n'y puis croire.

Un mot encore, et je termine. Un anniversaire vient d'avoir lieu; tout l'éclat qu'il méritait lui a été donné: fêtes lugubres, fêtes populaires, fête militaire, rien n'y a manqué. L'enthousiasme se fatiguait, parce que ce peuple qui vous a faits ce que vous êtes s'ennuie de voir toutes ses espérances déçues; mais vous l'avez facilement fait renaître à l'aide d'une *fausse nouvelle* dont vous pressentiez d'avance tout l'effet ; jusque là, écrivain militaire, rien ne me concerne. Mais une chose m'a frappé, elle a attiré l'attention de tous les anciens militaires, et tous mes camarades qui, se souvenant comme moi, qu'alors presque enfans nous savions faire respecter l'uniforme français dans toutes les parties de l'Europe, se sont indignés à la vue d'un des quatre bas-reliefs peints sur le monument de la Bastille.

Qu'on aille voir celui tourné vers le faubourg Saint-Antoine, on y trouvera entre autres personnages, un soldat encore revêtu de l'uniforme, dans une position humble, demandant grâce, les mains jointes, à un homme du peuple. Je ne veux pas contester la valeur du peuple des trois journées, mais où le peintre, l'architecte, et surtout le ministre chargé de la haute surveillance de ces préparatifs, a-t-il vu jamais un soldat français dans cette position? J'étais à Dresde à seize ans, jamais un tableau de cette nature n'a frappé mes yeux. Quelques jours plus tard je versai mon sang dans les défilés de Kulm ; certes si jamais une armée se trouva dans une position critique, ce fut là ; après avoir eu la victoire de notre côté, nous essuyâmes un revers terrible, notre armée fut abîmée ; mais aucun soldat, lorsque sa vie était en danger, n'eut l'idée de demander grâce.

Non, messieurs les ministres, vous ne le persuaderez à personne, le soldat français n'est pas un lâche, il est essentiellement brave ; mais ce n'est pas dans son comptoir que M. le président du conseil, ni dans les bureaux du conseil d'État que M. le ministre du commerce, ont pu l'apprendre ;

aussi se sont-ils permis la plus grande insulte qu'on puisse faire non seulement à l'ancienne garde royale, mais à toute l'armée ; mais *Cela vient de si bas*, disent tous les militaires, *qu'il n'y faut pas faire attention.*

Quel moment avez vous choisi pour agir ainsi, pour insulter trois cent mille hommes et la nation entière, en présence de l'Europe entière représentée par le corps diplomatique, à l'exception toutefois de la Russie? Celui où vous avez besoin de leur secours! Comment se fait-il que M. le maréchal-ministre de la guerre, celui auquel personne ne fera le reproche de n'avoir pas toujours fait respecter l'uniforme français, n'ait pas fait disparaître ce tableau ignominieux? C'est que probablement il n'en a pas été informé, et qu'aucun de ses affidés ne lui en a rendu compte ; autrement, tous les militaires lui rendent assez de justice pour croire que jamais pareille insulte n'eût eu lieu.

FIN.

www.ingramcontent.com/pod-product-compliance
Lightning Source LLC
LaVergne TN
LVHW020408230826
846091LV00004B/1193

* 9 7 8 2 0 1 1 7 8 7 8 2 8 *